Heinz Hürten

# Spiegel der Kirche – Spiegel der Gesellschaft?
Katholikentage im Wandel der Welt

HEINZ HÜRTEN

# Spiegel der Kirche – Spiegel der Gesellschaft ? Katholikentage im Wandel der Welt

*Vier Essays aus Anlaß des 150. Jahrestags der »Ersten Versammlung des katholischen Vereines Deutschlands« vom 3.- 6. Oktober 1848 zu Mainz*

Ferdinand Schöningh
Paderborn · München · Wien · Zürich

*Titelbild:* Katholikentag 1978 in Freiburg/Br.
(Photo: KNA-Bild, Frankfurt/M.)

Die Deutsche Bibliothek – CIP-Einheitsaufnahme

**Hürten, Heinz:**
Spiegel der Kirche – Spiegel der Gesellschaft?: Katholikentage im Wandel der Welt; vier Essays aus Anlaß des 150. Jahrestag der „Ersten Versammlung des Katholischen Vereines Deutschlands" vom 3.-6. Oktober 1848 zu Mainz/Heinz Hürten. – Paderborn; München; Wien; Zürich: Schöningh, 1998
ISBN 3-506-74007-5

Umschlaggestaltung: INNOVA GmbH, D-33178 Borchen

Gedruckt auf umweltfreundlichem, chlorfrei gebleichtem und alterungsbeständigem Papier ⊗ ISO 9706



Printed in Germany. Herstellung: Ferdinand Schöningh, Paderborn

ISBN 3-506-74007-5

# INHALT


Vorwort ........................... 7

I. Die Zeit der Wende ..................... 9

II. Das erste Treffen ..................... 34

III. Wandel und Wachstum ................... 61

IV. Weltaufgabe und Glaubensfeier ............ 102

Verzeichnis der zitierten amtlichen Berichte ..... 139

Verzeichnis der bisherigen Katholikentage
und ihrer Präsidenten ..................... 145

# VORWORT

Wer nach den Anfängen fragt, erkundet zugleich die eigene Gegenwart. Denn der Rückblick zeigt den Abstand, der zwischen dem Gestern und dem Heute liegt, und läßt darum erkennen, was Fortführung von Begonnenem, also Kontinuität und Tradition, ist, und was verloren gegangen, aus eigenem Entschluß verlassen und aufgegeben oder neu in Angriff genommen worden ist. Vor der Folie des Anderen, Vergangenen wird die Kontur des Gegenwärtigen, Eigenen deutlich. Wer ein Jubiläum begeht, stellt sich darum unter einen Maßstab, an dem er sich messen lassen muß.

An die Anfänge des Deutschen Katholikentags zu erinnern, dessen einhundertfünfzigjähriges Bestehen im Jahre 1998 begangen wird, bedeutet darum ein Doppeltes: es geht darum zu erkennen, was damals gewollt und angestrebt wurde und in welchem Verhältnis es zu den Aufgaben und Möglichkeiten dieser Zeit stand, – und es geht darum, Nähe und Distanz zu dieser Vergangenheit abzuschätzen, welche die heutige Position der deutschen Katholiken kennzeichnet. Das eine geht nicht ohne das andere.

# I. DIE ZEIT DER WENDE

Was wir als ersten Deutschen Katholikentag bezeichnen, war ein ziemlich improvisiertes, auf den ersten Blick fast zufälliges Gebilde, ein reichlich kurzfristig verabredetes Treffen von Vertretern wenige Monate zuvor gegründeter, im wesentlichen gleichartiger, aber organisatorisch keineswegs fest verbundener Vereine mit einer Reihe von Abgeordneten zur Frankfurter Nationalversammlung. Niemand nannte dies einen Katholikentag, und von den Massen, die seit Jahrzehnten unseren Katholikentagen das Gepräge geben, war nichts zu sehen. Niemand rechnete mit ihnen, und niemand hatte sie eingeladen.

Die Beratungsgegenstände waren aktueller Natur. Es ging um die Neuordnung der Beziehungen zwischen Kirche und Staat in dem neuen Deutschen Reich, dem die Frankfurter Nationalversammlung Gestalt zu geben suchte. Auf dem Wege über die Reichsverfassung sollte in allen Ländern des Deutschen Bundes die immer mehr als unwürdig empfundene Abhängigkeit der Kirche von der Staatsgewalt gebrochen werden. Zu diesem Zweck waren vom März 1848 an die »Pius-Vereine für religiöse Freiheit« gegründet worden, deren Vertreter sich in Mainz versammelten. Ihre Gesprächspartner waren die katholischen Abgeordneten verschiedener Parteirichtungen innerhalb der Nationalversammlung, die sich im »Katholischen Klub« zusammengetan hatten, um die Reichsverfassung entsprechend zu gestalten.

Was aus dieser ad-hoc-Besprechnung den Anfang einer dauerhaften Institution werden ließ, war ihre Übereinstimmung mit einer erst in historischer Rückschau zu erkennenden Grundrichtung des Jahrhunderts, der Ausbildung einer aus statischen Bindungen heraustretenden und sich nach dem Maße der in ihr mit und gegen einander wirkenden Kräfte selbst gestaltenden Gesellschaft. In einem ersten Ansatz wurde in Mainz 1848 deutlich, daß die Kirche in Deutschland Instrumente und Methoden erringen konnte, um sich in einer Welt zu behaupten, in der durch die Französische Revolution die alten Ordnungen von Staat und Gesellschaft unwiederbringlich verloren gegangen waren – auch wenn bis 1848 manche ihre Hoffnung fast verzweifelt und darum um so hartnäckiger darauf setzten, sie könnten allem zum Trotz doch wieder restauriert werden – und mit der heraufziehenden Industriegesellschaft völlig neue Gestaltungskräfte Raum und Geltung beanspruchten. Die Kirche war in der Gefahr, in dieser Zukunftsgesellschaft, die sich ankündigte, keinen Ort mehr gewinnen zu können. Denn allen vergangenen politischen und gesellschaftlichen Gestaltungsformen hatte sie in ihrer eigenen konkret historischen Gestalt gerecht werden können, nicht so den Prinzipien, die nun der sozialen Welt ihr neues Gesicht gaben. Der liberale und zur Demokratie tendierende Verfassungsstaat des neunzehnten Jahrhunderts beruhte auf der freien Selbstbestimmung der von früheren Bindungen emanzipierten Individuen, indem er seine Entscheidungen zunehmend ihrer Mehrheit überantwortete; das ihm zugrundeliegende Modell staatlicher Ordnung war darum anders als die Ordnungsformen der Vergangenheit für die Kirche »nicht assimilierbar und abbildbar oder vielmehr nicht vereinbar mit ihrem inneren Wesen und ihrem Strukturprinzip«. Aus dem gleichen Grunde vermochte sie auch nicht »die werdende Industriegesellschaft mit deren unaufhörlichem Wandel der Schichtungen und ihren immer neuen Formen abzubilden und so in sich aufzunehmen wie die sozialen Systeme und Strukturen der voraufgegangenen Epochen europäischer Sozialentwicklung; denn sie verlangt nach Konstanz und dauerhafter Ordnung«[1]. In dieser Distanz zu der sie umgebenden Gesellschaft, unbeeinflußt von deren ihr unzugänglichen Ordnungsformen und zugleich aus früheren Bindungen sich lösend, konnte die Kirche – gegenläufig zu den Ordnungsvorstellungen der Zeit, aber doch als notwendiges Korrelat ihrer Emanzipation von staatlicher Einwirkung – ihre eigene Verfassung, gestützt auf die immer stärker werdende Überzeugung von der zentralen Funktion des Papsttums, straffer und schärfer ausprägen als je zuvor. Sie schuf damit die Voraussetzung für ein neues Gegenüber zum Staat [2], das politisch noch durchzusetzen blieb.

---

1 Clemens Bauer, Deutscher Katholizismus. Entwicklungslinien und Profile. Frankfurt/M. 1964. S. 25.

2 Dies hat der damals noch nicht zur Kirche zurückgekehrte Joseph Görres vielleicht als erster erkannt: »Um aber zu diesem Punkte [der freien Koordination mit dem Staat] zu gelangen, muß die Kirche sich stärker als je an ihre Einheit schließen, und die geschlossene Phalanx ihrer Hierarchie, an der mehr als einmal die Willkühr sich

Um wieder einen Standort in den ihr wesensfremd gewordenen Strukturen der Gesellschaft zu gewinnen, bedurfte die Kirche eines Organs, das selbst aktives Element in der Gesellschaft war und in seinen Handlungsformen den in dieser Gesellschaft herrschenden Bedingungen entsprach, somit das leisten konnte, wofür die Kirche kein anderes Instrument besaß. Es waren die als Glieder der zur Selbstbestimmung gelangten bürgerlichen Gesellschaft handelnden Laien, die in Wahrnehmung dieser Aufgabe zu einer historisch neuartigen Bedeutung für die Kirche aufstiegen.

Das Jahr 1848 war nicht die erste Bewährungsprobe dieses neuen Typs christlicher Existenz. Als nach dem Siege über Napoleon die europäischen Mächte 1814/15 in Wien über eine neue Ordnung verhandelten, fanden sie unter den zahlreichen Beratungspapieren auch eine Denkschrift, die im Namen der »Katholiken Teutschlands« sprach[3]. Anstelle einer Namensunterschrift stand eine Anmerkung, aus der hervorging, daß die unbekannt gebliebenen Verfasser meinten, als einzelne im Namen aller ihrer Glaubensgenossen handeln zu müssen, die ihre gemeinsamen Forderungen noch nicht anders vorbringen konnten. Dieses Aktenstück, dem keine große Wirkung beschieden war, ist ein erstes Anzeichen

---

gebrochen, ihr auch jetzt unerschüttert entgegenhalten.« Joseph Görres, Teutschland und die Revolution. 2. Auflage Teutschland 1820. S. 132

[3] Johann Ludwig Klüber (Hg.), Acten des Wiener Congresses im Jahre 1814 und 1815. I. Bd. 2. Heft Erlangen 1815. Neudruck Osnabrück 1966. S. 80-89.

der gewandelten Situation: es sind die Laien, die für die Rechte und Freiheiten der Kirche eintreten.

Dieses Bewußtsein von der Freiheit der Kirche als Voraussetzung für die Erfüllung ihres Auftrags ist ein weiteres Signal für die Veränderung der Situation, die zu begreifen manche freilich fast ein Jahrhundert gebraucht haben, und wiederum haben Laien hervorragenden Anteil an diesem Wandel, gerade in Deutschland. Friedrich Schlegel, der romantische Philosoph und Kritiker, hatte schon rund ein Jahrzehnt vor der Denkschrift an den Wiener Kongreß erkannt, daß die Kirche Zweck und Wert nicht aus dem Nutzen ziehe, den sie der Gesellschaft einbringe, sondern in sich selbst, unabhängig von allen Bedingungen höchster Zweck sei und darum keinem andern untergeordnet werden dürfe. Als »höchste Gesellschaft« müsse sie frei und unabhängig vom Staate sein[4]. Die Lehre des Kanonisten Freiherrn Franz Otto von Droste zu Vischering, der fast gleichzeitig mit zwei anderen Gelehrten die Theorie von der Koordination, der freien und gleichberechtigten Zuordnung von Kirche und Staat entwickelte[5], hatte schon bald in Joseph Görres einen wortgewaltigen Verfechter gefunden[6]. Er

---

[4] Friedrich Schlegel, Die Entwicklung der Philosophie in zwölf Büchern. Köln 1804/05, jetzt in: Ernst Behler (Hg.), Kritische Friedrich-Schlegel-Ausgabe. Bd. 13. München u. a. 1964. S. 169.

[5] Freiherr Franz Otto Droste zu Vischering, Über Kirche und Staat. Münster 1817; Kasimir v. Sicherer, Betrachtungen über die Selbständigkeit der Kirche. Augsburg 1817; Westphalus Eremita (i.e. Johann Friedrich Sommer), Von der Kirche in dieser Zeit. Münster 1819.

[6] Zuerst in: Joseph Görres, Teutschland und die Revolution (wie Anm. 2). S. 131.

brach damit einer Auffassung Bahn, die in diametralem Gegensatz zu dem stand, was Grundprinzip staatlicher Kirchenpolitik in vielen Ländern, aber oft auch noch unbestrittene Meinung frommer Priester und Kirchenmänner war: die Rechtmäßigkeit der staatlichen Kontrolle über die Kirche. Der preußische Kultusminister schärfte noch 1837 den Grundsatz ein, es sei nach dem Recht der Monarchie nicht statthaft, »neben der landesherrlichen allerhöchsten Macht eine unabhängige geistliche Gewalt anzuerkennen«, darum sei »allein der König die oberste Quelle auch des geistlichen, d.h. des kirchlichen Rechts, so daß der geistliche Obere nur mit seinem Vorwissen und seiner Zulassung das kirchliche Leben durch Gebote und Satzungen bestimmen« könne[7]. Daß »geistliche Anstalten nur Mittel zum Staatszweck«, Bischöfe und Priester »kirchliche Staatsbeamte« seien, war ungefähr zur selben Zeit, als Schlegel seine Auffassung vom Verhältnis von Kirche und Staat niederlegte, noch feste Überzeugung eines ranghohen Geistlichen, des Grafen Spiegel, der in der preußischen Zeit zum ersten Erzbischof des wiedererrichteten Erzbistums Köln aufstieg. Er rang sich erst rund ein Jahrzehnt später zu andern Auffassungen durch[8], und in dem langjährigen Generalvikar des Bistums Konstanz, dem Freiherrn Ignaz Heinrich v. Wessenberg, ragte ein machtvoller Ver-

[7] Zitiert bei Walter Lipgens, Ferdinand August Graf von Spiegel und das Verhältnis von Kirche und Staat 1789-1835. Die Wende vom Staatskirchentum zur Kirchenfreiheit. Bd. I. Münster 1965. S. 234.

[8] Ebd. S. 116f. Der spätere Wandel in den Auffassungen Spiegels ist dort ausführlich dokumentiert.

treter der alten Ideen weit in das neunzehnte, das ultramontane Jahrhundert hinein. Dieser um eine zeitgerechte Reform der Seelsorge und des Klerus hochverdiente und der Kirche trotz aller Anfeindungen treu ergebene Priester hing lebenslang der vom Geist der Aufklärung bestimmten Vorstellung an, daß nur die Aufsicht durch eine kluge Staatsführung die Kirche davor bewahre, ihren Einfluß theokratisch zu überdehnen und darin ihrer Sendung untreu zu werden. Noch im Jahre 1850, als die bayerischen Bischöfe verlangten, päpstliche Erlasse ohne vorherige Zustimmung der Staatsregierung verkünden zu dürfen, schrieb er: »Kann wohl diesem Verlangen ohne Gefährdung des Staats entsprochen werden? Ist es der Staat nicht sich selber schuldig zu fodern, daß nichts der Art ohne sein Vorwissen geschehe ? Welche Unordnungen berichtet nicht die Geschichte, die durch päbstliche Ansprachen und Aussprüche veranlaßt wurden, weil sie ohne Vorwissen des Staats in die Welt ergingen ? Es ist anderseits nicht abzusehen, wie durch die vorherige Kenntnißnahme von Seite des Staats die Freiheit der Kirche beeinträchtigt werde«[9].

So hatten die Ideen von Laien wie Schlegel und Görres nicht nur die alteingewurzelte Praxis der staatlichen Kirchenpolitik, sondern auch weitverbreitete Meinungen in der kirchlichen Öffentlichkeit gegen sich. Daß sich die Ansichten allmählich in ihrem Sinne veränder-

---

[9] Ignaz Freiherr v. Wessenberg, Unveröffentlichte Manuskripte und Briefe, hg. von Kurt Aland und Wolfgang Müller. Bd.I,1: Autobiographische Aufzeichnungen, hg. von Kurt Aland. Freiburg u.a. 1968. S. 112.

ten, war eine der Voraussetzungen für den Erfolg der »Katholischen Bewegung«, die sich 1848 in Mainz erstmals darstellte.

Von einer solchen »Katholischen Bewegung«, wie die Zeitgenossen den unerwarteten Aufbruch des Kirchenvolkes nannten, waren vor 1848 kaum mehr als Spurenelemente zu erkennen gewesen. In den Parlamenten der Staaten des Deutschen Bundes, die wenig Einfluß auf die Politik der Regierungen besaßen, waren hie und da einzelne Abgeordnete aufgetreten und hatten eine gerechtere Behandlung der katholischen Kirche gefordert[10]. Wichtiger war die Entstehung einer katholischen Presse, die zwar überall unter einer mehr oder weniger strengen Zensur stand, aber doch den liberalen und gouvernementalen Organen ein bescheidenes Gegengewicht entgegenstellte. Außer theologischen Fachzeitschriften, von denen die Tübinger »Theologische Quartalschrift« bis in unsere Gegenwart ihren hohen wissenschaftlichen Rang bewahrt hat, und einer Reihe von Tageszeitungen, die allerdings manchmal nur eine kurze Lebensdauer besaßen oder auch ihren Charakter der wechselnden Marktlage entsprechend veränderten [11], errang die 1821 in Mainz gegründete Zeitschrift mit dem programmatischen Titel »Der Katholik« wachsende Bedeutung.

---

[10] Vgl. etwa Clemens Bauer, Politischer Katholizismus in Württemberg bis zum Jahre 1848. Freiburg 1929.

[11] Ein markantes Beispiel bietet Joseph Grisar, Aus Sturmtagen der katholischen Publizistik. Der Kampf um die »Neue Würzburger Zeitung« 1837-1839, in: Stimmen der Zeit 106 (1923/24) S. 112-125.

Das Gewicht der Presse war in diesen Jahrzehnten um so größer, als sie vor dem Aufkommen der Eisenbahnen, die große Kongresse möglich werden ließen, für die meisten fast das einzige Organ überregionaler Kommunikation waren. Nur über Zeitungen und Zeitschriften konnte die überwiegende Zahl der deutschen Katholiken etwas von den katholischen Freiheitsbewegungen im Ausland erfahren, von der irischen Catholic Association, die unter der Führung des Anwalts O'Connell durch die Organisation breiter Wählermassen 1829 in Großbritannien die politische Gleichberechtigung der Katholiken erzwang, von dem kühnen Versuch des bretonischen Priesters Lamennais, die Kirche mit dem Freiheitsstreben der Völker zu verbinden, von den Bemühungen seiner Schüler und Freunde, auf die Politik Frankreichs Einfluß zu nehmen, oder von der Verbindung der belgischen Katholiken mit den Liberalen, um der Freiheit in ihrem Lande zum Durchbruch zu verhelfen[12].

Nachahmung fanden solche politischen Aktionen in Deutschland nicht so bald. Denn noch fehlten dafür Voraussetzung wie unmittelbarer Anlaß. Anregend wirkte das Vorbild des Auslands zunächst für die Belebung der christlichen Caritas und der Heidenmission. Auf diesen Feldern erprobten die Katholiken zuerst das wichtigste Instrument, das ihnen die nachrevolutionäre, auf die Aktivität des aus seinen ständischen Bindungen gelösten Individuums gestellte Gesellschaft, wenn auch

[12] Gerhard Valerius, Deutscher Katholizismus und Lamennais. Die Auseinandersetzung in der katholischen Publizistik 1817-1854. Mainz 1983. Eine entsprechende Arbeit über O'Connell fehlt.

noch unter der argwöhnischen Aufsicht des Staates bot, die Assoziation, den Verein.

Mit dem Zerfall der ständischen Gesellschaft war für viele Menschen die früher selbstverständliche Gestalt ihrer Lebenswelt in Frage gestellt worden; soziale Kommunikation, geselliger Austausch und praktische Kooperation mußten neu organisiert werden. So trat an die Stelle der alten Korporationen, in denen der einzelne die seinem Stand entsprechende Ordnung des Lebens außerhalb von Haus und Kirche und damit seinen gesellschaftlichen Status vorgefunden hatte, die auf freiwilligem Beitritt beruhende Assoziation, die ihm gewährte, was er auf sich allein gestellt nicht erreichen konnte, Geselligkeit, Belehrung, Solidarität. Die von der zweiten Hälfte des 18. Jahrhunderts an sich allmählich ausbreitenden Vereine hatten aber nicht nur die Förderung des gesellschaftlichen Verkehrs, des Männergesangs oder der vaterländischen Geschichtskunde zum Zwecke, sie wandten sich oft gemeinnützigen Zielen zu und erwarben damit öffentlichen Rang. Die Gesellschaft zur Rettung Schiffbrüchiger, der Dampfkesselüberwachungsverein, aus dem der TÜV entstand, das Deutsche Rote Kreuz sind bis heute Zeugen für die auf das Gemeinwohl bezogene Bedeutung, die Vereinen zuteil werden konnte. Mit solchen gemeinnützigen Zwecksetzungen rückten sie bereits aus der Sphäre des Privaten, aus dem vom Staat dem Individuum zur beliebigen Gestaltung überlassenen Bereich, hinaus und konnten somit in einer Welt, die Vereine zu politischen Zwecken nicht zuließ, »einen Ersatzraum politischer Aktivität bieten, konnten politische Bewußtseins- und Gesinnungsbildung, ja politische Demonstration ermöglichen«[13]. Mit der Einübung des Politischen, der Vermittlung erster politischer Erfahrungen bei der statutengemäßen Ordnung des Vereinsleben haben die Vereine in Deutschland eine wichtige Voraussetzung dafür geschaffen, daß sich 1848 sehr rasch ein funktionsfähiges Parteiensystem bilden konnte[14]. Aus der Auflösung der ständischen Bindungen entstanden und Ausdruck der modernen Differenzierung von Staat und Gesellschaft, waren die Vereine ein wesentlicher Faktor in der Ausbildung der neuen »bürgerlichen Gesellschaft«. Daß die Kirche durch ihre Laien nun auch in ihnen wirksam zu werden begann, bedeutete die Anpassung ihrer Aktionsformen an die Bedingungen der gewandelten sozialen Umwelt. »Die Kirche, die im paritätischen Staat und einer sich säkularisierenden Gesellschaft ihre Selbstverständlichkeit verlor, wurde ein Stück der bürgerlichen Gesellschaft«; sie nahm mit dem Verein eine »von deren Lebensformen auf«[15].

---

[13] Thomas Nipperdey, Verein als soziale Struktur in Deutschland im späten 18. und frühen 19. Jahrhundert. Eine Fallstudie zur Modernisierung I, in: Ders., Gesellschaft, Kultur, Theorie. Gesammelte Aufsätze zur neueren Geschichte. Göttingen 1976. S. 174-205, Zitat S. 200.

[14] Wolfgang Hardtwig, Strukturmerkmale und Entwicklungstendenzen des Vereinswesens in Deutschland 1789-1848, in: Otto Dann (Hg.), Vereinswesen und bürgerliche Gesellschaft in Deutschland. Beiheft 9 (Neue Folge) der Historischen Zeitschrift. München 1984. S. 11-50, Bezug S. 39.

[15] Nipperdey (wie Anm. 13) S. 176.

Zu den Vereinen der Katholiken, die noch vor der Wende von 1848 ins Leben traten, gehörten – um die wichtigsten zu nennen – der bayerische Ludwig-Missions-Verein von 1838, der 1844 gegründete Borromäus-Verein und der Gesellenverein von Adolph Kolping aus dem Jahre 1846. Bereits bei diesen frühen Gründungen ist die zweifache Entwicklungsrichtung zu erkennen, die das katholische Vereinswesen in Deutschland während der Folgezeit auszeichnete: neben Vereinigungen zur Erreichung bestimmter sachlicher Zwecke steht der Gesellenverein, der seinen Zweck darin hat, die Mitglieder in ihrer persönlichen Lebenslage anzusprechen und zu fördern. Gerade hier lag der kennzeichnende Schritt von den althergebrachten Bruderschaften und Kongregationen der kirchlichen Tradition ins Neuland. Die Gesellenvereine formierten sich auf der Grundlage nicht des kirchlichen Rechts, sondern des weltlichen Vereinsrechts als Angehörige der bürgerlichen Gesellschaft, und ihr Zweck war nicht die gemeinsame Übung von Frömmigkeit und Buße, sondern die Gestaltung des Lebens in der Welt, in Familie, Beruf und Freizeit.

Es gab in der ersten Hälfte des neunzehnten Jahrhunderts in Deutschland zahlreiche Bruderschaften und Kongregationen, die in der Bevölkerung fest verwurzelt waren und deshalb alle politischen Umbrüche überstanden hatten oder neu belebt worden waren. Sie waren teilweise so eng mit dem Leben der dörflichen oder städtischen Gemeinschaft verbunden, daß ihr religiöser Charakter vor ihrer Bedeutung für die lokale Geselligkeit zurücktrat. Ihre Aktivitäten waren darum manchmal wie auch andere herkömmliche Bräuche, Prozessionen und Wallfahrten durchaus mehr Folklore oder vergnügliches Durchbrechen der alltäglichen Ordnung als Ausdruck christlicher Devotion, zumal sie nicht einmal immer eine geistliche Leitung besaßen[16]. Blieben auch die neu entstehenden katholischen Vereine oft ohne eine priesterliche Führung, so rückten sie doch näher an die Kirche heran, insofern sie sich kirchlichen Aufgaben widmeten oder wie die Gesellenvereine, die als Laienvereine von Laien geleitet wurden, dem geistlichen Präses eine wichtige Rolle im Vereinsleben zumaßen.

Bedeutsamer für die Vorbereitung der deutschen Katholiken auf die Aufgaben und Möglichkeiten, die mit der zweiten Jahrhunderthälfte kamen, waren jedoch einzelne, gelegentlich in losem Kontakt untereinander stehende Gruppen, die ohne formelle Organisation mit den ihnen jeweils gegebenen Mitteln die Lage der Kirche zu bessern suchten. Unter diesen auf sich selbst gestellten und ohne Direktiven der kirchlichen Oberen handelnden Kreisen ist vor allem der um den alten Görres und den jungen Kirchenhistoriker Döllinger in München entstandene zu nennen, der sich 1838 in den »Historisch-Politischen Blättern« eine einflußreiche Halbmonatsschrift schuf. In Baden wurde Hofrat Professor Franz Joseph v. Buß zum Mittelpunkt kirchenpolitischer Aktivität. In Koblenz waren es der Blechwa-

---

[16] Vgl. Jonathan Sperber, Popular Catholicism in Nineteenth Century Germany. Princeton, N.J. 1984. S. 10-38.

renfabrikant Dietz und sein Sohn, von denen ein neuartiges katholisches Engagement ausging. Ihnen gelang es, was in Preußen bis dahin unerhört war, katholische Ordensschwestern als Pflegerinnen für das Hospital zu gewinnen. Im Rheinland waren die aus Köln gebürtigen Juristen Peter und August Reichensperger, die später als Parlamentarier in der Zentrumspartei eine große Rolle spielten, tatkräftige Förderer jeglicher katholischer Aktivität.

Wichtiger als alle anderen wurde jedoch Joseph v. Görres. Nachdem er mit seinem »Rheinischen Merkur« im Kampf gegen Napoleon als Publizist internationales Prestige gewonnen hatte, war er bald nach dem Ende der Kriegsära zu einem scharfen Kritiker der Restaurationsepoche geworden. Der Festungshaft, die ihm wegen seiner 1819 veröffentlichten Schrift »Teutschland und die Revolution« drohte, war er durch Flucht nach Straßburg, später in die Schweiz ausgewichen. Während dieser Zeit hatte er sich wieder der Kirche genähert, der er in seinen jakobinischen Jugendtagen entfremdet worden war. Wie Lamennais und andere französische Theoretiker hatte er schon früh einen Sinn dafür entwickelt, daß die Kirche frei werden müsse von den einengenden Beschränkungen, die ihr Preußen und die meisten anderen Staaten des Deutschen Bundes auferlegten. Wessenberg, »der für sich ein wohlmeinender Mann seyn mag«, hatte in Görres' Augen »schon darum Unrecht [...], weil er, um eine unlautere Sache und schlechtbegründete Ansprüche gegen die Curie durchzusetzen, hinter die weltliche Macht sich flüchtet, und also indem er die Freyheit der Kirche zu vertheidigen vorgiebt, sie wirklich an die Souverainität verräth«[17].

In einer Vielzahl von Veröffentlichungen hatte Görres seither das Bewußtsein der Zeitgenossen für die bedrückte Lage der Kirche geschärft. Sie wurden jedoch alle in ihrer Wirkung übertroffen durch sein kleines Buch mit dem schlichten Titel »Athanasius«, mit dem er einen aktuellen kirchenpolitischen Streit den Katholiken zur Wegscheide in ihrer Entwicklung zur politisch wirksamen Kraft machte. Erzbischof Freiherr Clemens August Droste zu Vischering war bald nach seinem Amtsantritt in Köln wegen seines Vorgehens gegen die Anhänger der von Rom verurteilten Lehre des Georg Hermes mit dem Staat in einen Konflikt geraten, der noch verschärft wurde durch die Weigerung, eine mit dem Kirchenrecht unvereinbare Regelung über die kirchliche Einsegnung konfessionsverschiedener Ehen zu praktizieren, auf die sich sein Amtsvorgänger eingelassen hatte. Da Droste sich dem von der preußischen Regierung vorgeschlagenen Rücktritt widersetzte, wurde er unter umfangreichen militärischen Sicherheitsmaßnahmen am 20. November 1837 in seinem Palais verhaftet und auf die Festung Minden gebracht, wo er, ohne je vor ein Gericht gestellt zu werden, in Haft gehalten wurde. Papst Gregor XVI. erhob sofort Protest gegen diese »Verletzung der kirchlichen Freiheit, Verachtung der bischöflichen Würde und Usurpation der kirchlichen Jurisdiktion«; dem Erzbischof sprach er das

[17] Joseph Görres, Teutschland und die Revolution (wie Anm. 2) S. 67.

»höchstverdiente Lob« für seine Tapferkeit aus. In die öffentliche Erregung über den Gewaltakt der Regierung, die sich in der westfälischen Heimat des Erzbischofs bis zu Zusammenstößen mit dem Militär steigerte, stieß die Broschüre von Görres, welche die Auseinandersetzung in den Rang eines Kampfes für die Freiheit der Kirche und die Reinheit des christlichen Glaubens erhob, für die der griechische Kirchenvater Athanasius im vierten Jahrhundert Leid und Verfolgung auf sich genommen hatte. Nicht alle Katholiken dachten wie er, entsprach es doch einer älteren und noch wirksamen Tradition durchaus, daß der Staat sich aus eigenem Recht an der Leitung der Kirche beteiligte. So hielt Wessenberg die päpstliche Ablehnung der von der Regierung durchgesetzten Trauungspraxis für eine Gefährdung des konfessionellen Friedens, der die Regierungen entgegenzutreten hätten; sie sollten darum »als Beschirmer ihrer Landeskirchen die eingeführte und zur allseitigen Zufriedenheit längst bestehende und beobachtete mildere Praxis, als besondere Disciplinarübung im Umfange ihres Gebietes in Schutz nehmen und dadurch handhaben, daß sie nicht gestatten, daß ihre Landesbischöfe in der ferneren Befolgung dieser Praxis und in Ergreifung der nöthigen Maßregeln um sie festzuhalten auf irgend eine Art gehindert werden«[18]. Görres machte sich dagegen zum Sprecher der in den letzten Jahrzehnten herangewachsenen Auffassung, der die Selbstbestimmung der

[18] Ignaz Heinrich Freiherr v. Wessenberg (wie Anm. 9) Bd.III: Kleine Schriften, hg. von Kurt Aland. Freiburg u.a. 1979. S. 309.

Kirche als Voraussetzung für den Vollzug ihres Auftrags galt. Um Korrektheit in den Details unbekümmert, verurteilte er mit dem Pathos eines hinreißenden Redners die Haltung der preußischen Regierung zur katholischen Kirche als Bruch der ihr bei der Übernahme der Herrschaft über die katholischen Gebiete feierlich zugesagten Gleichberechtigung der Konfessionen. Damit gab er dem wachsenden Unmut der Katholiken über die Kontrolle ihrer Kirche durch den Staat und über ihre eigene Diskriminierung in Preußen und anderen Bundesstaaten ein politisches Ziel: »Haltet zusammen«, so rief er die katholischen Rheinländer und Westfalen auf, »eng und fest, denn ihr habt Alle ein und dasselbe Ziel, und das Ziel ist: die ganze und volle Realisirung der feierlich gewährten Religionsfreiheit, und der zugesagten politischen und bürgerlichen Gleichheit der Confession in ihrem ganzen Umfang ohne Gefährde und Hinterhalt. Es wird Euch und ihnen gewonnen seyn, wenn ihr Beide mit Eifer und Beharrlichkeit darauf besteht.« Dieser Appell war die zwingende Konsequenz der Argumentation, die Görres hier mit größtem Nachdruck und Erfolg vortrug. Er bildete folgerichtig die letzten Worte seiner Schrift, die im Laufe weniger Monate viermal nachgedruckt wurde und unter den zahllosen politischen Flugschriften des neunzehnten Jahrhunderts in Deutschland an historischer Wirkung vielleicht nur vom Kommunistischen Manifest übertroffen wird[19].

[19] Friedrich Keinemann, Das Kölner Ereignis. Sein Widerhall in der Rheinprovinz und in Westfalen. 2 Bde. Münster 1974.

Das Programm, das Görres seinen Landsleuten vorzeichnete, war in seinen Zielen maßvoll, wenngleich seine Verwirklichung dem preußischen Staat ein neues Gesicht geben mußte. Denn hier galt unverändert die evangelische Religion als moralische Basis der Monarchie, die den Katholiken darum nur soviel Toleranz gewähren konnte, daß der protestantischen Charakter des Landes nicht beeinträchtigt wurde. König Friedrich Wilhelm III. hatte sogar befohlen, daß die katholischen (und auch die jüdischen) Soldaten einmal im Monat dem evangelischen Militärgottesdienst beiwohnen mußten, damit sie »die nötige Achtung vor der Hauptreligion des Landes« gewännen. Mochte es auch in Einzelfragen – wie in der Verpflichtung andersgläubiger Soldaten zum Besuch des evangelischen Militärgottesdienstes – gelingen, durch respektvolle Beschwerden oder Eingaben an den König Benachteiligungen der Nichtprotestanten zu beheben, so konnte das preußische System der Staatskirchenhoheit, in dem die Regierung für die evangelische Kirche, wie der langjährige Kultusminister Altenstein sagte, »mit Liebe«, für die katholische hingegen »nach Pflicht« sorgte, nur gebrochen und durch eine vollständige Gleichstellung der Konfessionen ersetzt werden, wenn Preußen zum Verfassungsstaat wurde. Hier lag die Sprengkraft des Görres'schen Programms und implizit die Direktive für die Katholiken, wenn sie die Situation ihrer Kirche zum Besseren wenden wollten[20].

---

[20] Eine eindrucksvolle Darstellung des preußischen Staatskirchentums bei Lipgens (wie Anm. 7) Bd.I S. 222-234 (ebd. die verwendeten Zitate) u.ö. Zur Militärseelsorge auch Keinemann (wie Anm. 19) Bd.

Für die Verwirklichung solcher Fernziele schien es jedoch keine Chance zu geben. Erst in den letzten Jahren vor der Revolution von 1848 gab es erste Anzeichen dafür, daß die Lage der Kirche in Deutschland nicht auf immer von Gunst oder Ungunst der Monarchen und der tonangebenden Beamten bestimmt sein müßte. Die Wallfahrt zur Ausstellung des Heiligen Rocks 1844 in Trier zeigte, daß die Kirche eine Basis in breiten Volksschichten besaß und daß sie diese zu organisieren verstand[21]. Würde einmal, schrieb der alte Görres, »die Entscheidung der Zukunft bei den Massen seyn«, könnte die Kirche sich dieses Rückhalts sicher sein[22]. Politisch erprobt hat die Möglichkeit zur Aktivierung des breiten Kirchenvolks der Freiburger Professor Franz Joseph v. Buß, als der badische Landtag der neu erstandenen Sekte der Deutschkatholiken eine mit den anerkannten Konfessionen gleichberechtigte Stellung einräumen wollte. Buß, der in Verbindung mit einigen Gleichgesinnten bereits begonnen hatte, die Gegner der

---

II S. 4-11. Der Antrag der Westfälischen Provinzialstände vom 27. Dezember 1833 verwandte sich gleichermaßen für Katholiken wie für Juden.

21 Zur kontroversen Beurteilung dieser Wallfahrt vgl. Wolfgang Schieder, Kirche und Revolution. Zur Sozialgeschichte der Trierer Wallfahrt von 1844, in: Archiv für Sozialgeschichte 14 (1974) S. 419-454 (jetzt überarbeitet als selbständige Veröffentlichung: Ders., Religion und Revolution. Die Trierer Wallfahrt von 1844. Vierow bei Greifswald 1996) und Rudolf Lill, Kirche und Revolution. Zu den Anfängen der katholischen Bewegung im Jahrzehnt vor 1848, in: Archiv für Sozialgeschichte 18 (1978) S. 565-575.

22 Heribert Raab, Joseph Görres. Ein Leben für Freiheit und Recht. Auswahl aus seinem Werk. Paderborn u.a. 1978. S. 212.

in Baden einflußreichen Anhänger Wessenbergs in Katholikenvereinen zu sammeln, organisierte im Jahre 1846 Massenpetitionen gegen den Landtag, der durch die Eigenart des badischen Wahlrechts zu einem Hort des Liberalismus geworden war, und demonstrierte, daß der politische Wille des Landes ein anderer war als der, den seine formellen Repräsentanten bekundeten. Er erzwang damit die Auflösung und Neuwahl des Landtags; aber sein Sieg blieb unvollständig. Denn bei den Wahlen zeigte sich, daß die Katholiken noch nicht über eine genügende Zahl bekannter und qualifizierter Persönlichkeiten verfügten, die das Vertrauen der Wahlmänner besaßen. Gleichwohl war das Exempel statuiert, die Katholiken waren eine aktionsfähige Masse, und was ihnen im Moment noch fehlte, um die Politik maßgeblich mitzugestalten, konnte ihnen rasch zuwachsen.

Das Programm, das Görres im »Athanasius« formulierte, war weitaus maßvoller als das von Lamennais, der in München sein Gast gewesen war. Hatte dieser der Kirche die Aufgabe zugewiesen, sich mit dem Freiheitsverlangen der Völker zu verbinden, und der Monarchie seines Landes den Untergang vorhergesagt, weil sie der Kirche nicht die notwendige Freiheit ließ, wofür die Julirevolution des Jahres 1830 als Bestätigung gelten konnte, so verlangte Görres nicht mehr als die Gewährung von Freiheit und Recht, so schwer es dem preußischen Staat seiner Zeit auch ankommen mochte, sie den Katholiken zuzugestehen. Diese Forderungen waren auch ohne die tiefschürfenden theologischen und geschichtsphilosophischen Konstruktionen, mit denen

Görres sie verband, einsichtig, und wer solchen Überlegungen nicht zustimmte, konnte dennoch seine politischen Ziele vertreten. Anders als Lamennais und andere französische Theologen, die im Papst den einzigen Garanten von Autorität und Ordnung in Kirche und Gesellschaft sahen, war Görres kein Ultramontaner. Er konnte sich durchaus eine Lage denken, in er es darauf ankommen würde, die eigene Freiheit in der Kirche gegen den Papst zu verteidigen[23]. Die geringe Wertigkeit der Theologie in seinem kirchenpolitischen Programm und die Unabhängigkeit seiner Pläne von einer Theorie des Papsttums entzogen diese einer theologischen Kritik und einer Beurteilung durch die kirchlichen Führung, die Lamennais herausgefordert hatte und an der er gescheitert war.

Die Wallfahrt zum Heiligen Rock in Trier hatte nicht nur die Massenbasis der Kirche erwiesen, sie war auch ein Anzeichen für den religiösen Regenerationsprozeß, der nach der Wiederherstellung einer geordneten kirchlichen Verwaltung in den zwanziger Jahren allmählich in Gang gekommen war. Von einigen wissen wir, daß es der Anschlag der preußischen Regierung auf den Kölner Erzbischof war, der ihrem Leben die entscheidende Wende zur Kirche gegeben hat; August Reichensperger und Ketteler sind die bekanntesten unter ihnen; aber

[23] Joseph Görres, Teutschland und die Revolution (wie Anm. 2) S. 132 spricht offen von einem »allenfallsigen Despotism« des Papstes, dem dann »zu begegnen« sei, »da das katholische Teutschland so wenig den Kirchlichen wie den Politischen sich gefallen zu lassen irgend eine Neigung hat«.

auch unter der Masse des Kirchenvolks hatte das »Kölner Ereignis« zu einer intensiveren Teilnahme an der kirchlichen Praxis geführt[24]. Sieben Jahre danach zeigte die Beteiligung der Massen an der Pilgerfahrt nach Trier auch in aller Deutlichkeit, daß die Laienfrömmigkeit, die in der Vergangenheit oft in problematischen Bräuchen Ausdruck gefunden hatte, nun wieder engen Anschluß an die geistliche Leitung gefunden hatte. Nur die Organisation durch den Klerus hatte es möglich gemacht, an den fünfzig Tagen dieser Wallfahrt rund eine halbe Million Menschen nach Trier zu führen, ohne die Stadt und ihre Umgebung ins Chaos zu stürzen. Die an diesem Beispiel erkennbare Grundlinie setzte sich in den folgenden Jahren, in denen manche Beschränkungen für die Seelsorge entfielen und die Volksmissionen im großen Stile möglich wurden, deutlich fort. Die Laien wurden in der Praxis ihrer Frömmigkeit und ihres Alltagslebens disziplinierter und sie rückten enger an den Klerus heran. Wie schon früher in Irland und in Belgien wurde die niedere, mit dem Volk verbundene Geistlichkeit das Relais, über das breite Massen für gemeinsame Aktionen organisiert werden konnten, ohne daß diese darum schon ihre Selbstbestimmung aufgaben. Die Katholiken wurden auf diese Weise fähig zur Politik, wie die Disziplinierung ihres religiösen Brauchtums sie zugleich fähiger machte, in der aufkommenden rationalen Arbeitswelt ihren Mann zu stehen[25]. Mit die-

[24] Beispiele aus Münster bei Keinemann (wie Anm. 19) Bd. I S. 392 und S. 427.

[25] Sperber (wie Anm. 16) S. 92.

ser Angleichung an die Erfordernisse der modernen Gesellschaft verschwanden freilich nicht die Konturen, mit denen sich die Katholiken von ihrer sozialen Umwelt abhoben. Gerade die Erneuerung ihrer überlieferten Frömmigkeit schuf Kontraste, die ihren Gegensatz gegen den liberalen Idealtypus des schaffenden Bürgers betonte. War dieser nach den Anschauungen der Zeit der Inbegriff »des in geistiger wie materieller Hinsicht frei und selbstverantwortlich handlungsfähigen Individuums«[26], dessen freie Entscheidung erst die Bildung eines Gesamtwillens und damit der Gesellschaft möglich machte[27], so band sich der kirchentreue Katholik nunmehr deutlicher als zuvor an eine Autorität, die nicht in seinem Recht als freies Individuum ihren Ursprung besaß und nicht einmal seinem Willen eine Einwirkung auf das Ganze der Kirche beimaß (die eben darum auch nach der Meinung der Liberalen keine Gesellschaft und kein Träger eigenen Rechtes sein konnte). Damit wurde er mit seinem nun deutlicher zutage tretenden Willen zur Behauptung der eigenen Lebenswelt für den Liberalismus wie von selbst zum Gegner, der sich der Verwirklichung des Ziels einer aufgeklärten und emanzipierten Gesellschaft entgegenstellte. Damit stand der

[26] Lothar Gall, Liberalismus und »bürgerliche Gesellschaft«. Zu Charakter und Entwicklung der liberalen Bewegung in Deutschland, in: Ders. (Hg.), Liberalismus. Köln 1976. S. 162-186, Zitat S. 162.

[27] Carl v. Rotteck, Gesellschaft, Gesellschaftsrecht, in: Ders. und Carl Welcker (Hg.), Das Staatslexikon. Encyklopädie der sämmtlichen Staatswissenschaften für alle Stände. 2. Auflage Altona 1847. Bd. V. S. 680-695.

deutsche Katholizismus zwischen zwei Fronten; er hatte sich mit dem Staat auseinanderzusetzen, der auf die Kontrolle über die Kirche nicht verzichten wollte, und er galt denen als Feind, deren Pläne für die Umgestaltung von Staat und Gesellschaft für die Kirche keinen Platz mehr vorsahen. Die Hervorhebung der Bindung an den Papst und die übernationale Gemeinschaft der Kirche entfremdete sie zudem der nationalen Bewegung. Die Katholiken wurden in der Gesellschaft ihrer Zeit einsam. Wollten sie nicht zur Wirkungslosigkeit verdammt sein, mußten sie ihre eigenen Kräfte anspannen, und eben dies wurde möglich durch die geistige und organisatorische Umstrukturierung, die scheinbar zusammenhanglos, jedenfalls ungeplant und unorganisiert, den Katholiken Deutschlands ein neues Programm und neue Formen der Kooperation ermöglicht hatte. Einer der klügsten Beobachter der damaligen Gesellschaft hat dies sogleich bemerkt.

Zwei Jahre nach der Revolution schrieb der Kulturhistoriker Wilhelm Heinrich Riehl, der selbst Abgeordneter der Paulskirche gewesen war, einen Aufsatz mit dem Titel »Die neue Macht der Kirche«. Er meinte damit sowohl die evangelische, der er selbst angehörte, wie die katholische. Sie allein hätten »vollwichtigen Erfolg« aus der Revolution gewonnen, ihre Macht sei »um das Zehnfache gewachsen«. Dies war nach seiner Meinung nicht allein das Ergebnis kluger Taktik, die sofort auf die von den Liberalen nicht zu verweigernde »Tragkraft der Religionsfreiheit« und »die Befreiung von der gefährlichen Freundschaft der Constabler und Gendarmen« gesetzt habe; entscheidend schien ihm vielmehr, wie er in einer wenig späteren Arbeit ausführte, was in den Jahren vor der Revolution entstanden war: »Die großartige Organisation des katholischen Vereinswesens fand sich beim Ausbruch der Revolution in den Grundzügen schon vorgezeichnet [...]. Die Katholiken hatten zuerst in Reih und Glied gestanden, sie hatten den Vorsprung einer auch in's Politische hinüberspielenden wühlenden und werbenden Regsamkeit, die dem Protestanten fremd ist, und ihr äußerlicher Erfolg war ein entschieden glänzenderer«[28].

[28] Wilhelm Heinrich Riehl, Die neue Macht der Kirche, in: Ders., Land und Leute. 5. Auflage 1861. S. 323-338, Zitate S. 324 und S. 326, sowie Ders., Das katholische und das protestantische Deutschland, in: ebd. S. 339-365, Zitate S. 355. Die beiden Aufsätze sind 1850 und 1851 geschrieben worden.

## II. DAS ERSTE TREFFEN

Die in den Jahren nach 1837 größer gewordene Zahl von Katholiken, welche die Einsicht gewonnen hatten, daß die bedrängte Lage der Kirche durch das politische System bedingt war, gerieten bei aller geschuldeten Loyalität wie von selbst in eine innere Distanz zu den bestehenden Regimen und darum auch an die Seite derer, die ihre Hoffnungen auf Reformen setzten. Eine Gruppe Kölner Katholiken hatte, als sie 1844 bei der preußischen Regierung vergeblich die Lizenz zur Herausgabe einer Tageszeitung beantragte, Standort und Zielsetzung ihrer möglichen Politik umrissen. Sie würden kraft ihrer Existenz als Katholiken »nie der Willkür und dem Absolutismus das Wort reden und ebenso allen Umtrieben der Revolution und des Ultraliberalismus entgegenarbeiten.« Sie wollten »die Interessen des katholischen Glaubenbekenntnisses allenthalben wahrnehmen, zugleich aber auch die Entfaltungen bürgerlicher Freiheit, die Fortschritte der Aufklärung« fördern[29]. In der Lage, in der sich Deutschland damals befand, war es unmöglich, das erste Ziel zu erreichen, ohne zugleich die anderen zu verwirklichen. Die katholische Bewegung wurde darum aus innerer Notwendigkeit politisch. Sie stand deshalb auf der Seite des Neuen, als im

[29] Rudolf Morsey (Hg.), Katholizismus, Verfassungsstaat und Demokratie. Vom Vormärz bis 1933 (Quellentexte zur Geschichte des Katholizismus Bd. 1). Paderborn u.a. 1988. S. 34.

März 1848 die französische Februarrevolution nach Deutschland übergriff und sich damit die Möglichkeit zu einem grundlegenden Wandel eröffnete. »Eine höhere Gewalt hat den morschen, ebenso aller moralischen wie materiellen Kraft entbehrenden Polizeistaat zusammengerüttelt«, hieß es am 4. März 1848 im Mainzer »Katholik«, der »alle in der jüngsten Zeit uns gewordenen Reformen« freudig akzeptierte[30]. Auf der von Görres im »Athanasius« vorgezeichneten und von der Kölner Gruppe 1844 weiter verfolgten Linie gab das Blatt die Parole aus, die den deutschen Katholizismus zu einem Faktor des Politischen machte:

»Wir verlangen daher

1. Religions- und Gewissensfreiheit für alle, woraus sich bürgerliche und politische Gleichstellung aller Konfessionen von selbst ergibt; wir verlangen
2. Unabhängigkeit der Religion und Kirche vom Staate; wir verlangen
3. Freiheit nicht allein der politischen, sondern auch der religiösen Assoziation; wir verlangen
4. ein entschiedenes Einschreiten zur Hebung der sozialen Leiden des Volkes und gleiche Berechtigung aller, die auf dieses Ziel hinwirken.«

Wichtiger noch als dieser Forderungskatalog war der Appell des Blattes, »in allen deutschen Gauen auf das Schleunigste überall Vereine zu bilden [...] – um das

---

[30] Ernst Heinen, Staatliche Macht und Katholizismus in Deutschland. Bd. I: Dokumente des politischen Katholizismus von seinen Anfängen bis 1867. Paderborn u.a. 1969. S. 113f.

Recht des Gewissens und der Gesinnung zu wahren«. Damit war den Katholiken ein Programm ebenso an die Hand gegeben wie die Konstruktion des Instruments zu seiner Verwirklichung; sie griffen beides energisch auf.

Wiederum kam der Anstoß aus Mainz. Hier entstand in der letzten Märzwoche der erste »Pius-Verein für religiöse Freiheit«, der sich als Ansatzpunkt für eine ganz Deutschland umfassende Vereinsbewegung verstand und sich als Zentralverein für das Großherzogtum Hessen konstituierte. Mitglied konnte »jeder unbescholtene Katholik« werden. Formeller Zweck des neugegründeten Vereins war es, »die religiöse Freiheit und die Parität überall zu vertheidigen«. Sein erstes öffentliches Auftreten bestand in einem feierlichen Requiem für die Toten, die in Wien und Berlin beim Umsturz der alten Ordnung gefallen waren. »Es ist ein Verein für Freiheit«, schrieb der »Katholik«[31], »deßhalb war es ziemend, den Opfern der deutschen Freiheit die letzte christliche Ehre, ein feierliches Exequienamt, zu bereiten; sein Zweck ist ein religiöser, und darum kam es gerade dem Pius-Vereine zu, diese religiöse Feier zu veranstalten«. Das Mainzer Vorbild fand rasch Nachahmung in anderen Städten: in Limburg, Aachen, Köln, Koblenz, Bonn, Münster, Brilon, Breslau, Wien; einige bildeten in ihrer Umgebung Filialvereine. Dennoch war das Netz dieser neuen Gruppen alles andere als flächendeckend. In Bay-

[31] Ernst Heinen, Katholizismus und Gesellschaft. Das katholische Vereinswesen zwischen Revolution und Reaktion (1848/49 – 1853/54) (Historisches Seminar, Neue Folge Bd. IV). Idstein 1993. S. 79.

ern entstand zudem ein anderer Typus katholischer Organisation, die »Vereine für konstitutionelle Monarchie und religiöse Freiheit«, die somit kirchenpolitische mit verfassungspolitischen Zielen verbanden und ihr Wirkungsfeld auf Bayern beschränkten. Aber auch unter den Pius-Vereinen bestand keine volle Übereinstimmung über ihre Ziele. Der Mainzer hatte in seine Satzung die Bestimmung aufgenommen: »Solche Gegenstände der Politik, welche das Interesse der religiösen Freiheit nicht berühren, sind – da dieselben in den Bürgerversammlungen behandelt werden – von den Verhandlungen des Vereins ausgeschlossen«. In Köln hingegen bezog man im Aufruf zu den Wahlen zu den Nationalversammlungen in Frankfurt und Berlin den gesamten Komplex der mit der Verfassunggebung verbundenen Fragestellungen in den Forderungskatalog ein[32]. In Trier entstand der Pius-Verein erst, als die Katholiken sich von dem Demokratenverein trennten, weil der gemeinsam durchgesetzte Abgeordnete die Wünsche seiner katholischen Wähler nicht genügend beachtete. Die Leitungsfunktionen der Zentralvereine waren nicht wirksam genug, um solche Divergenzen auszugleichen; so blieb die Frage nach dem Umfang der politischen Aktivität der katholischen Vereine vorerst ungelöst. Bei den Wahlen vom Mai 1848 zu den Nationalversammlungen blieben die Pius-Vereine noch ohne Erfolg. Ihre Einwirkung auf die verfassunggebenden Parlamente

---

[32] Das Statut des Mainzer Pius-Vereins bei Heinen, Katholizismus (wie Anm. 31) S. 80f., der Kölner Wahlaufruf bei Morsey, Katholizismus (wie Anm. 29) S. 36-39.

vollzog sich durch Massenpetitionen, Anträge an die politischen Körperschaften, deren Gewicht mit der Zahl der Unterschriften wuchs, weil sich in ihnen ein Volkswille kundgab, der von den Abgeordneten in Rechnung zu stellen war. 1142 solcher Petitionen mit 273135 Unterschriften sollen die katholischen Vereine allein dem in der Paulskirche versammelten Parlament zu Fragen von Kirche und Schule vorgelegt haben[33].

Die Pius-Vereine sind dabei selbständig vorgegangen; eine zentrale Führung bestand ja nicht, und ein Briefverkehr, der alle untereinander in Verbindung gebracht hätte, war ohne eine feste Organisationsform auch nicht durchzuführen. Was außerhalb des eigenen Zentralvereins geschah, hat man wohl nur durch die Zeitung oder durch persönliche Kontakte erfahren. Der Wunsch nach einer Zusammenkunft von Delegierten aller Vereine mußte sich darum wie von selbst ergeben. Aber es war erst der Zufall, der ihn zu realisieren vermochte.

Der Kölner Dom, an dessen Vollendung seit 1842 nach jahrhundertelanger Unterbrechung weitergebaut wurde, war in den Augen des preußischen Königs Friedrich Wilhelms IV. wie vieler Deutscher zu einem Symbol »deutscher Einigkeit und Kraft« geworden; die Förderung des Baus durch den preußischen Staat erschien wie ein Akt seiner Versöhnung mit der Kirche, deren Erzbischof hier einige Jahre zuvor gefangen genommen worden war. Der 600. Jahrestag der Grundsteinlegung im Jahre 1848 wurde darum zu einem nationalen Fest,

[33] Heinen, Katholizismus (wie Anm. 31) S. 41.

an dem der König, der Reichsverweser, Abgeordnete der Nationalversammlungen von Frankfurt und Berlin, eine Reihe von Bischöfen und der Wiener Nuntius teilnahmen[34]. Am letzten Tag dieses Festes trafen sich informell eine Reihe von Vertretern der katholischen Vereine und katholische Abgeordnete aus Frankfurt. Sie kamen überein, daß eine Zusammenkunft von Repräsentanten aller ihrer Vereine dringlich sei, und baten den Mainzer Pius-Verein, das Treffen auszurichten. Da man sich auch dort schon eine derartige Veranstaltung gewünscht hatte, ließ dieser an die Zentralvereine eine Einladung ergehen, die auch über die Presse verbreitet wurde. Darin wurden alle Vereine für kirchliche Freiheit »eben so angelegentlich als brüderlich ersucht, die erwähnte Versammlung mittels einer beliebigen Zahl von Deputirten zu beschicken«[35].

Die Reaktion auf diese Einladung war nicht eben groß. Rund dreißig Vereine, davon ein Drittel Zentralvereine, vermehrt um einige Filialvereine von Mainz und Breslau und den Bonner Borromäusverein, waren vertreten, und die Repräsentanz war sehr ungleichmäßig. Das Schwergewicht lag eindeutig im Westen; aus

---

[34] Eduard Hegel, Das Erzbistum Köln zwischen der Restauration des 19. Jahrhunderts und der Restauration des 20. Jahrhunderts 1815-1962 (Geschichte des Erzbistums Köln Bd. V). Köln 1987. S. 494-503, Zitat S. 496.

[35] Verhandlungen der ersten Versammlung des katholischen Vereines Deutschlands am 3., 4., 5. und 6. October zu Mainz. Amtlicher Bericht (im Folgenden wird dieser wie alle späteren Berichte in den Anmerkungen lediglich als »Bericht« mit Hinzufügung der entsprechenden Jahreszahl bezeichnet) S. 1f.

dem Osten hatten Danzig, Groß-Glogau und Breslau Vertreter entsandt, aus Österreich Innsbruck und Wien. Was der Versammlung gleichwohl Bedeutung verlieh, war neben der Anwesenheit bekannter Führungspersönlichkeiten wie Andlaw, Buß, Lennig oder Reichensperger und einer Gruppe von Abgeordneten der Paulskirche ein Doppeltes: die Form ihrer Zusammenkunft, die sich in ihrer Entwicklungsfähigkeit durch mehr als ein Jahrhundert bewährte, und das Ergebnis ihrer Arbeit.

Für das erste gab es bewährte Modelle. Seitdem Lorenz Oken 1822 die »Gesellschaft deutscher Naturforscher und Ärzte« gegründet hatte, kannte man in Deutschland, dem Land ohne nationale Metropole, Zusammenkünfte von Angehörigen gleicher oder verwandter wissenschaftlicher Interessenrichtungen. 1838 hatten die »deutschen Philologen und Schulmänner« mit ihren regelmäßigen Versammlungen begonnen; 1846 und 1847 waren die »Germanisten«, die Gelehrten der deutschen Sprache, des deutschen Rechts und der deutschen Geschichte, zusammengekommen. Ihre Treffen hatten die Einheit der Nation zum Ausdruck gebracht, die politisch noch kein anderes Organ besaß als die Gesandtenkonferenz der Staaten des Deutschen Bundes, den »Bundestag«, in Frankfurt. Diese gelehrten Versammlungen waren zugleich gesellige Veranstaltungen; sie brachten Kollegen und Gleichgesinnte in persönlichen Kontakt. Ihr Brauch, die Tagungsorte zu wechseln, bot ihnen die Möglichkeit, in ganz Deutschland bekannt zu werden, und wirkte der Gefahr regionalistischer Begrenzung entgegen. Er ermöglichte zudem Interessenten, die weite und teure Reisen vermeiden mußten, wenigstens gelegentlich die Teilnahme.

Die Katholikenversammlung in Mainz wich jedoch wenigstens in zweifacher Hinsicht vom Vorbild der Gelehrtenkongresse ab. Verkörperten diese nach ihrem Selbstverständnis bereits die innere Einheit der politisch unzureichend organisierten Nation, so brachten die Katholiken, obwohl sie ebenso aus dem ganzen nun auch seine staatliche Einheit suchenden Deutschland nach Mainz gekommen waren, indem sie die Gemeinsamkeit des Glaubens zum leitenden Prinzip ihres Handelns machten, ein Element zu Ausdruck und Geltung, das von manchen Zeitgenossen geradezu als Spaltpilz der nationalen Einheit verstanden wurde. »Kein Glaubenszwiespalt«, hatte der große Sprachforscher Jakob Grimm zwei Jahre zuvor als neugewählter Präsident des Germanistentags in Frankfurt gesagt, dürfe »ein großes Volk, das sich wieder fühlt und aufrecht erhalten will, veruneinigen«[36]. Eben diese konfessionelle Spaltung wurde durch die Mainzer Versammlung deutlich gemacht, und deshalb wurde sie wie alle ihre Nachfolgeveranstaltungen nicht zu einer Form, in der die Einheit der Nation sich darstellte, sondern die Identität einer

[36] Verhandlungen der Germanisten zu Frankfurt am Main am 24., 25. und 26. September 1846. Frankfurt/M. 1847. S. 17. Vgl. auch R. Hinton Thomas, Liberalism, Nationalism and the German Intellectuals (1822-1847). An Analysis of the Academic and Scientific Conferences of the Period. Westport, Conn. 1975. Das Zitat von Jakob Grimm ist ebd. S. 87f. falsch übersetzt.

Gruppe, die in ihrem Zusammenhalt eines der zentralen Probleme dieser Nation immer wieder zur Anschauung brachte.

Ein anderer Unterschied zu den Versammlungen der Gelehrten lag – wenigstens vordergründig – im Organisatorischen. Die Mitglieder des Mainzer Pius-Vereins hatten den Wunsch, an den Beratungen der Deputierten wenigstens als Hörer teilzunehmen; auch Nichtmiglieder hatten ihr Interesse angemeldet, so daß man sich entschloß, die Veranstaltung öffentlich durchzuführen und jedem den Zutritt zu gestatten, der eine Teilnehmerkarte erwarb. 1367 solcher Eintrittskarten sind damals ausgegeben worden. Der kleinen Schar von Delegierten stand somit eine vielfach größere Zahl von Zuhörern gegenüber. Da jedoch der Akademiesaal des kurfürstlichen Schlosses, in dem die Verhandlungen stattfinden sollten, abends nicht beleuchtet werden konnte und ein anderer entsprechend großer Saal nicht zur Verfügung stand, mußte man sich dazu entschließen, die abendlichen Zusammenkünfte im Gasthaus »Zum Römischen König«, dem gewohnten Treffpunkt des Mainzer Pius-Vereins, einem kleineren Kreise, wenn auch nicht ausschließlich den bevollmächtigten Vertretern der verschiedenen Vereine, vorzubehalten. Daraus ergab sich leicht eine Unterscheidung der Tagesordnung: die großen Reden fanden im Schlosse statt, die Vereinsinterna wurden im »Römischen König« verhandelt. Durch die Unterscheidung von »Allgemeinen Versammlungen« und »Versammlungen der Abgeordneten« war eine Grundstruktur der künftigen Treffen vorgegeben: die Wendung an die Öffentlichkeit und die Beratung der offiziellen Vertreter, die spätere Unterscheidung zwischen dem »Vertretertag« der Organisationen und dem »Katholikentag« mit seinen Massenveranstaltungen.

Zum Gesamtbild der Mainzer Versammlung gehört noch die gesellige Begegnung der Delegierten. Sie trafen sich am Abend des 4. Oktober zu einem festlichen Diner, bei dem die zahlreichen Trinksprüche nach dem Brauch der Zeit zugleich als Mittel zur Artikulation der gemeinsamen Überzeugungen dienten. Sie wurden darum mit vollem Wortlaut in den »Amtlichen Bericht« über die Versammlung aufgenommen.

Wer waren nun die Männer, die für sich in Anspruch nahmen, kraft der Delegation durch ihre Vereine, das katholische Deutschland zu repräsentieren ? Von einer ganzen Reihe kennen wir kaum mehr als den Namen, andere waren in ganz Deutschland bekannt wie der Hofrat und Professor Franz Joseph v. Buß, der die Petitionsstürme in Baden organisiert hatte, und der Freiherr Heinrich Bernhard v. Andlaw, der als Mitglied der Ersten Kammer in Baden sich für die Rechte der Kirche eingesetzt hatte. August Reichensperger hatte mit seiner Schrift über den Kölner Dom von 1840 die Gründung des Dombauvereins vorangetrieben und wenige Jahre später geholfen, den Borromäus-Verein ins Leben zu rufen. Für ihn bedeutete das Jahr 1848 den Beginn einer großen Karriere als Parlamentarier. Der Jurist Moritz Lieber aus Camberg hatte sich als Verfasser von Kampfschriften gegen die Antizölibatsbewegung 1831 und gegen die Gefangensetzung des Kölner Erzbischofs 1838 einen Namen gemacht. Der Münchner Kreis um den Ende Januar verstorbenen Joseph v. Görres sollte ursprünglich durch seinen Neffen, den Philosophen Ernst v. Lassaulx, und Johann Nepomuk Sepp vertreten sein. Beide waren mit kleinen Schriften zu kirchenpolitischen Fragen hervorgetreten; Sepp war wegen seiner Haltung in der Affaire, die der alte König Ludwig I. durch sein Verhältnis mit der Tänzerin Lola Montez heraufbeschworen hatte, von der Münchner Universität entfernt worden. Da Lassaulx nicht erschien, vertrat Sepp den Münchner Kreis allein. Wie Reichensperger gehörte auch Sepp (ebenso Lassaulx) dem Frankfurter Parlament an. Der Maler Friedrich Baudri, ein Bruder des einflußreichen Kölner Generalvikars und späteren Weihbischofs Johann Anton Friedrich Baudri, hatte sein Engagement in den internen Streitigkeiten des Kölner Erzbistums noch ebenso vor sich wie seine bedeutungsvolle Rolle als Herausgeber des »Organs für christliche Kunst« und Gründer des »Vereins für christliche Kunst im Erzbistum Köln«.

Der junge Pfarrer Krementz aus Koblenz war angemeldet, ist aber nicht erschienen. Mit seiner späteren Berufung zum Erzbischof von Köln und Kardinal hat er eine größere Karriere gemacht als alle anderen nach Mainz entsandten Priester. Aber noch war er nur wenigen bekannt. Prominentester Geistlicher in der Versammlung dürfte Domkapitular Lennig gewesen sein, der den Mainzer Pius-Verein gegründet und damit die katholische Bewegung des Jahres 1848 nachdrücklich bestimmt hatte. Die Professoren Baltzer und Knoodt wie auch der Privatdozent Wick mögen damals schon ihren Fachkollegen bekannt gewesen sein; die historische Erinnerung an sie ist von ihren späteren Leistungen, bei Baltzer und Knoodt auch von ihren Konflikten mit der Kirche bestimmt. Mit Knoodt waren insgesamt vier Abgeordnete der Frankfurter Nationalversammlung zugleich als Delegierte von Pius-Vereinen in Mainz anwesend. Eine Reihe ihrer Kollegen kamen als Gäste.

Den heutigen Betrachter könnte es überraschen, in der Teilnehmerliste den Namen von Adolph Kolping nicht zu finden, der einen der bedeutendsten katholischen Vereine dieser Zeit geschaffen hatte und später ein beliebter Redner auf den »Katholikentagen« wurde. Aber die Mainzer Veranstaltung war noch nicht die »Generalversammlung« aller katholischen Vereine Deutschlands; sie führte ausdrücklich nur jene zusammen, die sich primär für die kirchliche Freiheit einsetzten, was naturgemäß für die Gesellenvereine nicht gelten konnte, aber wohl auch nicht für den Borromäus-Verein, der trotzdem durch August Reichensperger in Mainz vertreten war. Was diesem die Zulassung verschafft hat, ist nicht ganz klar. Am Beispiel Kolpings dürfte jedoch einsichtig werden, daß die Repräsentationswirkung der Mainzer Versammlung nicht einfach nach der Dichte der bei ihr auftretenden Prominenz bemessen werden darf. Sie war noch kein Katholikentag mit dem Anspruch, Breite und Fülle des deutschen Katholizismus vor Augen zu führen.

Von den 83 Teilnehmern der Mainzer Versammlung waren nach einer Statistik ihrer Berufe 33 Priester verschiedener Ränge, aber keiner Bischof. Nicht einmal das Hochamt, mit dem die Tagung begann, ist von einem Bischof zelebriert worden, sondern von einem Tagungsteilnehmer, dem Kölner Domkapitular Strauß. Auch unter den Abgeordneten der Paulskirche, die zur gemeinsamen Erörterung der kirchenpolitischen Lage von Frankfurt herüberkamen, war eine Reihe von Priestern, von denen zwei, Förster und Ketteler, einige Jahre später zur Bischofswürde emporstiegen. Die Geistlichkeit war also unter den ordentlichen Mitgliedern der Versammlung wie auch unter den Gästen aus der Nationalversammlung (als deren Sprecher wiederum ein Theologe, der Kirchenhistoriker Johann Ignaz Döllinger, fungierte) stark vertreten. Sie bildete unter den Vertretern der Vereine vor den Beamten (15) und sonstigen Akademikern (11) die weitaus größte Berufsgruppe. Mit acht Männern war der Handel noch verhältnismäßig stark vertreten; vier Lehrer waren anwesend, drei Künstler, zwei Bauern oder Winzer, drei Handwerker, ein Angehöriger des niederen Adels, ein Journalist; zwei machten keine Angabe über ihren Beruf[37]. Soziologisch gesehen war es eine Gruppe aus dem Mittelstand, die sich in Mainz traf. Dies war nach den Bedingungen der

---

[37] Eine »Übersicht zum Geburts- und Berufsstand der Abgeordneten auf den deutschen Katholikentagen von 1848 bis 1891« bietet Baldur H.A. Hermans, Das Problem der Sozialpolitik und Sozialreform auf den deutschen Katholikentagen von 1848 bis 1891. Phil. Diss. Bonn 1972. S. 530-534.

Zeit bislang das Normale gewesen: in Deutschland hatte die breite Masse der handarbeitenden Bevölkerung weder Muße noch Geld, um zu Tagungen zu fahren, und schon deshalb das Wirken in der Öffentlichkeit denen überlassen müssen, die es sich leisten konnten. Der Gründungskongreß der »Allgemeinen deutschen Arbeiterverbrüderung«, der wenige Wochen zuvor getagt hatte, war zwar das Indiz dafür, daß die Führungsfunktion des Mittelstandes in Zukunft nicht unbestritten bleiben werde; aber noch war man daran gewöhnt, das Zentrum der Nation in den Kreisen von Besitz und Bildung zu sehen, und die Arbeiter, die in manchen Pius-Vereinen die Mehrheit bildeten[38], dürften wohl kaum Anstoß daran genommen haben, daß keiner aus ihren Reihen den Verein in Mainz vertrat.

Das starke Gewicht des Klerus hat jedoch die Gestalt der Mainzer Tagung nicht bestimmt. Präsident wurde diskussionslos Professor v. Buß; er war nach dem Protokoll unstreitig der Mittelpunkt der Versammlung, nicht der verdienstvolle gastgebende Mainzer Domkapitular Lennig. Man war sich auch ohne große Diskussion darüber einig, daß man einen »Laienverein« bilde. Der »Amtliche Bericht« betonte dies in seiner Einleitung ausdrücklich: »Daß die Vorsitzenden, wie die Mehrzahl der Schriftführer weltlichen Standes waren, sprach den Charakter des Vereins als eines Laienvereins deutlich aus. Befand sich unter den Abgeordneten auch eine beträchtliche Anzahl von Priestern, so waren sie es

---

[38] Heinen, Katholizismus (wie Anm. 31) S. 23 und S. 25.

als Bevollmächtigte, als Vertrauensmänner des sie sendenden Volkes«[39]. Verstand sich die Mainzer Versammlung als ein Gremium von Laien, so mußte dies auch den Inhalt ihrer Beschlüsse bestimmen. So hat man ziemlich lange darüber diskutiert, ob man in dem Schreiben, in dem den deutschen Bischöfen Kenntnis von den Entschließungen der Versammlung gegeben wurde, den Wunsch nach der Abhaltung von kirchlichen Synoden zum Ausdruck bringen solle. Nachdem verschiedene Redner darauf hingewiesen hatten, daß der Verein nicht in die Zuständigkeit der Bischöfe eingreifen könne, wurde diese Absicht mit Mehrheit verworfen. Diese Entscheidung ist um so aufschlußreicher, als in den vorangegangenen Monaten im Erzbistum Köln Priester keine Bedenken getragen hatten, in einer gemeinsamen Eingabe an ihren Erzbischof die Einrichtung von Diözesansynoden zu verlangen. Was Geistliche ihrem Bischof gegenüber für angemessen hielten, sprach sich der Mainzer »Laienverein« nicht zu. Die Entwicklung der folgenden Zeit gab ihm Gelegenheit, gerade anhand dieser Frage seine Kompetenz und sein Selbstverständnis erneut zu reflektieren.

Indem sich die Mainzer Versammlung in ihrer eigentlichen Zielsetzung nicht theologisch, sondern von den praktischen und aktuellen Aufgaben der Laien her definierte, unterschied sie sich unverkennbar von einer zur gleichen Zeit ins Leben getretenen Institution der evangelischen Kirche, dem Kirchentag, der erstmals vom

---

[39] Bericht 1848 S. VII.

21.-23. September 1848 in Wittenberg getagt hatte. Auch er war unter den besonderen Verhältnissen des Jahre 1848 entstanden; seine Wurzeln reichten freilich sehr viel weiter zurück, in die nach dem Ende der Kriegsära zu Beginn des Jahrhunderts einsetzenden Bestrebungen zur Einigung des deutschen Protestantismus, die 1846 mit dem ergebnislosen Abschluß der preußischen Generalsysnode zu einem vorläufigen Ende gekommen waren. Die zunächst siegreiche Nationalbewegung des Jahres 1848 warf für die evangelische Kirche die Frage auf, ob ihre bisherige Struktur, die Organisation in Landeskirchen unter der Oberleitung durch den Landesherrn als summus episcopus, in einem geeinten Nationalstaat Bestand haben könne. Zu ihrer Beratung trafen Geistliche und Laien aus verschiedenen Landeskirchen und evangelischen Konfessionen auf freiwilliger Grundlage zusammen. Bis 1872 haben sich solche Konferenzen regelmäßig wiederholt. Der heutige Deutsche Evangelische Kirchentag, der seit 1949 regelmäßig veranstaltet wird und sich in seinem Erscheinungsbild nur wenig von den Katholikentagen unserer Zeit unterscheidet, steht damit nicht in unmittelbarem Zusammenhang.

Was den ersten Evangelischen Kirchentag jedoch mit der Versammlung der Pius-Vereine in Mainz auffällig verband, war die auf beiden Veranstaltungen unabhängig voneinander zum Ausdruck gelangende Einsicht von der sozialen Problematik der heraufkommenden Industriegesellschaft als Appell an die Kirche, so unzureichend diese Problematik damals auch erkannt und beantwortet worden ist. Katholiken wie Protestanten waren bis dahin auf diesem Felde nicht untätig gewesen. Theodor Fliedner hatte 1828 die erste evangelische Organisation zur Betreuung Strafgefangener, 1836 den »Rheinisch-Westfälischen Diakonissenverein« gegründet, Wichern selbst war schon 1833 mit der Gründung des »Rauhen Hauses« bei Hamburg, das notleidenden Jugendlichen zu einer Ausbildung verhalf, neue Wege gegangen, die über die Behebung aktueller und lokaler Problemlagen hinausführten. Buß, der in Mainz präsidierte, hatte als erster Deutscher 1837 in der badischen Kammer die Not des Fabrikproletariats zur politischen Diskussion gestellt, und die katholische Bewegung der vorangegangenen Jahre Wesentliches in der Errichtung gemeinnütziger Anstalten geleistet. Aber Wichern hob die caritativen Aktivitäten auf ein neues historisches Niveau, als er am 22. September 1848 in Wittenberg erklärte: »Der Wendepunkt der Weltgeschichte, in welchem wir uns gegenwärtig befinden, muß auch ein Wendepunkt in der Geschichte der christlichen und speciell der deutschevangelischen Kirche werden, insofern dieselbe in eine neue Stellung zum Volk eintreten muß«[40]. In Mainz war es der Pfarrer aus dem westfälischen Hopsten, der Abgeordnete zur Frankfurter National-

[40] Die Verhandlungen der Wittenberger Versammlung für Gründung eines deutschen evangelischen Kirchenbundes im September 1848. Nach Beschluß und im Auftrag derselben veröffentlicht durch ihren Schriftführer Dr. Kling. Berlin 1848. S.32; vgl. auch William O. Shanahan, Der deutsche Protestantismus vor der sozialen Frage 1815-1871. München 1962. S. 244.

versammlung Freiherr v. Ketteler, der »die Aufgabe der Religion bezüglich der socialen Verhältnisse« zur Sprache brachte: »Die schwerste Frage, die bei allen gesetzlichen Bestimmungen bei allen Staatsformen noch nicht gelöst ist, das ist die sociale Frage. Ich kann es mit aller Wahrheit aussprechen: die Schwierigkeit, die Größe, die Dringlichkeit dieser Aufgabe erfüllt mich mit der größten Freude; nicht die Noth freut mich, die ich in Wahrheit in tiefstem Herzen mitfühle, nicht das Elend meiner Brüder, – nein, sondern daß es sich jetzt zeigen wird und zeigen muß, welche Kirche die Kraft der göttlichen Wahrheit in sich trage. Es wird sich zeigen, daß der katholischen Kirche die endliche Lösung der socialen Frage vorbehalten ist; denn der Staat, mag er Bestimmungen treffen, welche er will, hat dazu nicht die Kraft«[41].

Die Reden von Wichern wie von Ketteler standen nicht im Mittelpunkt der Verhandlungen der Gremien, vor denen sie gehalten wurden; aber im historischen Rückblick verkörpern sie Eckdaten in der Auseinandersetzung der Kirche mit ihrer sozialen Verantwortung.

Die Pius-Vereine waren nicht zur Erledigung eines bestimmten Programms in Mainz zusammengekommen. Die Einladung hatte den einzelnen Vereinen und deren Delegierten die Entscheidung überlassen, was erörtert werden sollte. Der »Amtliche Bericht« verzeichnet 38 Anträge, über die Beschluß zu fassen war. Sie betrafen von der Organisation der katholischen Ver-

---

[41] Bericht 1848 S. 52.

eine und ihrer Tätigkeit bis zur Bitte an die Bischöfe, Synoden abzuhalten, von der Einführung von Orden und Schwesterngenossenschaften bis zu politischen Resolutionen und Manifesten eine Vielzahl manchmal recht disparater Gegenstände. Die Versammlung behandelte sie nach parlamentarischer Weise in verschiedenen Ausschüssen. Angesichts der Fülle der Anträge, die durch Anregungen in den bei der Versammlung selbst gehaltenen Reden noch vermehrt wurden, bedeutete es keine geringe Leistung, den wesentlichsten Gesichtspunkten in den wenigen Beschlüssen gerecht zu werden, mit denen die Versammlung sich an die Öffentlichkeit wandte.

Der wichtigste unter ihnen betraf unstreitig die »Satzungen des katholischen Vereins Deutschlands«[42]. Er umfaßte alle Vereine, die in Mainz vertreten waren, ohne ihnen »die freie Entwicklung [...] nach Maßgabe ihrer besonderen Verhältnisse« zu beeinträchtigen. Er sollte in regelmäßigen Abständen Deputierte der angeschlossenen Vereine zusammenführen. Die Geschäfte führte zwischen den allgemeinen Versammlungen der Vereinsvorstand des gewählten Vororts. Mitglied des Vereins konnten alle katholischen Vereine werden, »deren Grundsätze und Bestrebungen mit gegenwärtigen Satzungen wenigstens in so fern im Einklang stehen, daß sie die Verwirklichung der kirchlichen Freiheit sich zur Aufgabe setzen.« Diesen sollte »jeder unbescholtene Katholik« beitreten können. Um die Formulierung hatte

---

[42] Ebd. S. 138-140.

es einige Diskussion gegeben. Man war sich aber einig, daß Frauen, die in Mainz bei den öffentlichen Versammlungen in großer Zahl zugegen gewesen waren, nicht Mitglieder werden sollten, »da in dem Vereine, als einem Vereine der That, das Frauengeschlecht seine rechte Stellung und Thätigkeit nicht finde«[43]. Ungleich wichtiger als die organisatorischen Fragen war die inhaltliche Bestimmung der Vereinsziele. Paragraph 7 nannte deren sechs in klarer Bestimmtheit: Verwirklichung der kirchlichen Freiheiten und Rechte mit allen gesetzlichen Mitteln, Freiheit von Unterricht und Erziehung, Hebung der geistigen und sittlichen Bildung des Volkes, Beseitigung der »herrschenden socialen Mißverhältnisse«, Sorge für die bestimmungsgemäße Verwendung kirchlicher Stiftungen und schließlich – die engeren kirchlichen Zielsetzungen übersteigend und an die Voraussetzung aller politischen Freiheit rührend – »das Recht der freien Association gegen Eingriffe und Verletzungen zu wahren«. Paragraph 8 bestimmte die Methode, um diese Ziele zu erreichen; der Verein werde »sich aller gesetzlichen Mittel bedienen, namentlich des freien Versammlungs- und Vereins-Rechtes, des Petitions-Rechtes und des Rechtes der freien Rede und der freien Presse«. Zugleich wurde darin auch der Vereinszweck in einer unbestimmten Weise ausgeweitet, indem es hier nun hieß, man wolle auch der geistigen Not des Volkes durch die Verbreitung guter Bücher und der materiellen durch Werke der christlichen Nächstenliebe entgegenwirken.

---

[43] Ebd. S. 127.

Mit dieser Formulierung ist wahrscheinlich eine Spannung überdeckt worden, die in den Auffassungen über den politischen Charakter der Vereine am Tage lag und später zu einigen Diskussionen führte. Denn der Paragraph 7 der Satzung gab einige eindeutige, im weiteren Sinne auf das Politische konzentrierte Ziele an. Demgegenüber erschien in der Einleitung zum »Amtlichen Bericht«, der vom Vorort Mainz verantwortet wurde, wo man die Sorge, die Kirche könne durch schärfere Ausprägung des politischen Charakters der Vereine in den Streit der Parteien hineingezogen werden, stärker empfand als andernorts, die Zielsetzung des neugegründeten Gesamtvereins deutlicher religiös gefaßt, als Beitrag zur Rechristianisierung der Gesellschaft. Darum müsse »das katholische Volk selbst sich erneuern im Geiste und in der Kraft seines Glaubens – und dieses soll geschehen durch den großen katholischen Verein, den wir für ganz Deutschland schließen zur Wahrung der kirchlichen Freiheit, zur Rettung und Wiederherstellung der christlichen Gesinnung und Gesittung im Volke, zur Besiegung der Armuth, des Elendes, der socialen Übel durch die Weisheit und Wirksamkeit der christlichen Liebe«[44]. Der Text wirkt wie eine nachträgliche Korrektur der Satzung auf dem Wege der Interpretation.

Die Satzungen endeten mit einem Abschnitt, der die Außenbeziehungen des Vereins umschrieb. Er bezeichnete sich als katholisch und meinte, damit bereits seine

---

[44] Ebd. S. XIII.

Stellung zum Papst, zu den Bischöfen und zum Klerus definiert zu haben. Aus seinem katholischen Charakter leitete er auch seine Neutralität gegen jede »die Freiheit, das Recht und die Sittlichkeit gewährleistende und durch gerechte Mittel schützende Staatsform« ab. Er legte sich somit nicht einmal auf die Monarchie fest, obwohl es unter seinen Mitgliedern wohl kaum Anhänger der Republik gegeben haben dürfte. Wichtiger war dieser Neutralitätssatz jedoch wegen der Meinungsverschiedenheiten unter den Katholiken – auch unter den katholischen Abgeordneten in der Paulskirche – über die Ordnung, die der erstrebte deutsche Nationalstaat annehmen sollte: großdeutsch oder kleindeutsch, Kaiser oder Direktorium. Hier Festlegungen zu treffen, hätte jede katholische Einheitsfront unmöglich gemacht.

Den anderen Konfessionen wurde in der Satzung der »Frieden des Rechts« zugesichert, der ganzen katholischen Welt die Bereitschaft des neuen Vereins mitgeteilt, »bei großen, die Kirche und ihre Anliegen ergreifenden Ereignissen, in welchem Theil der Erde sie stattfinden mögen, seine Sympathien an den Tag zu legen und die gerechte Sache mit Rath und That in brüderlicher Liebe [zu] unterstützen«.

Der Rang, den sich die Mainzer Versammlung beimaß, wurde auch ersichtlich aus den Schreiben, die sie ergehen ließ. Dem Papst berichtete sie vom Entstehen der katholischen Vereine und von ihren Absichten; alle Erzbischöfe und Bischöfe Deutschlands wurden um ihre Unterstützung gebeten; der Fürsterzbischof von Salzburg erhielt eine Dankadresse für seinen anläßlich der von ihm abgehaltenen Provinzialsynode an den Reichstag in Wien gerichteten Appell zur Wahrung der kirchlichen Rechte; dem aus seinem Bistum verdrängten Bischof von Luxemburg wurde eine Solidaritätskundgebung zuteil. Schließlich erging an die Frankfurter Nationalversammlung eine feierliche Verwahrung gegen die noch unzureichende Garantie der religiösen Freiheiten im Entwurf der Grundrechte. Die Gesamtheit des katholischen Volkes wurde in einem weiteren Manifest aufgerufen, sich dem Verein anzuschließen; Katholische Vereine in England und Frankreich erhielten Grüße.

Der neue Katholische Verein Deutschlands sollte nach der Absicht seiner Gründer mehr sein als die politische Lobby der Kirche. Wenn auch in der Satzung und in anderen Verlautbarungen die politischen Ziele besonderen Stellenwert besaßen, so bot die Satzung dem Verein doch Gelegenheit, grundsätzlich jede für Kirche und Katholiken in Deutschland wichtig erscheinende Frage aufzugreifen. Die Mainzer Versammlung hatte dafür schon ein Beispiel gegeben, als ihr Vorsitzender Buß nach entsprechenden Ausführungen der Delegierten unter Berufung auf seine Autorität als Präsident lapidar erklärte: »der Verein vom heil. Vincenz von Paul ist hier gegründet«[45]. Der Katholische Verein wurde somit von Beginn an zum Stifter anderer Vereine und verlor darum auch dann nicht seinen Sinn, wenn die Aufgaben wegfielen, zu deren Erledigung er zunächst gegründet worden war, und der Umschlag der politischen Großwetter-

[45] Ebd. S. 120.

lage den Kampf der Katholiken um religiöse Freiheit nicht mehr einschwingen ließ in ein scheinbar unwiderstehliches Drängen der Zeit. Aber noch waren die in Mainz gehaltenen Reden durchtränkt vom Freiheitspathos der Märztage, obwohl die Krise der deutschen Revolution sich schon abgezeichnet hatte, als wenige Wochen zuvor der demokratische Radikalismus sich gewaltsam Geltung zu schaffen versuchte und nach der Ermordung zweier Abgeordneter der Paulskirche (denen Ketteler die Totenrede hielt) nur durch das Militär der wieder erstarkenden Monarchien niedergeworfen werden konnte. Im Oktober 1848 war noch die Zuversicht möglich, daß das Werk der Nationalversammlung gelingen und der Einsatz der Katholiken für die ihren Wünschen entsprechende Gestaltung der Grundrechte zum Erfolg führen werde. Die nächste Generalversammlung vom 9.-12. Mai 1849 in Breslau fand jedoch schon in einer völlig veränderten politischen Umwelt statt.

Daß der Katholische Verein nicht mit den Hoffnungen der Deutschen auf die Paulskirche verging, sondern jeweils wechselnd mit den Bedingungen der Zeit sich ein Aktionsfeld zu schaffen wußte, auf dem er die Kirche zu repräsentieren und in Aktion zu setzen vermochte, zeigt etwas von der Elastizität der Ordnung, die er sich gegeben hatte, und von der Stabilität des Schwungs, der ihn trug.

Gleichwohl hatte die Mainzer Gründung ihre immanenten Probleme. Würde sie als katholischer Universalverein bestehen könne, wenn man nun die Aufgaben der

Katholiken in ihrer Vielfalt begriff und anging, oder würde die Neugründung von Vereinen, die dafür fast das einzige Mittel waren, sie innerlich so aushöhlen, daß sie als leere Hülse in sich zusammensänke ? Hier lagen Fragen, die in der Zukunft zu lösen waren.

Anders lag es jedoch mit der Akzeptanz des in Mainz Begonnenen durch die Kirche. Würden Papst und Bischöfe die ihnen gebotene Hilfe dankbar annehmen und das katholische Volk den Anspruch der Mainzer rechtfertigen, einen »die Katholiken deutscher Nation umschließenden Verein«[46] darzustellen ?

Der Erfolg des Unternehmens läßt leicht übersehen, wie ungewohnt und darum fragwürdig es bei seinem Entstehen war. Ein bedeutender Theologe unter den Zeitgenossen, der Tübinger Ethiker Johann Baptist v. Hirscher, hat seine Bedenken offen ausgesprochen. In seiner Schrift vom Frühjahr 1849, »Die kirchlichen Zustände der Gegenwart«, hat er die Pius-Vereine (ohne sie beim Namen zu nennen) »kirchliche Privatvereine« genannt, auf die man keine Hoffnungen setzen dürfe[47]. Hirscher ging es nicht weniger als anderen um Belebung und Erneuerung der Kirche; aber er sah nicht, daß die Aktivität der Laien außerhalb der kirchlichen Strukturen dazu hilfreich sein könne. Darum wünschte er sich eine Neugestaltung der Diözesansynoden, an denen eine Elite von Laien, »alle hervorstechende Intelligenz, Tugend und Auctorität« im Bistum Anteil und Mitver-

[46] Ebd. S. 166.

[47] Johann Baptist Hirscher, Die kirchlichen Zustände der Gegenwart. Tübingen 1849. S. 30.

antwortung haben solle[48]. Hirscher wollte mit seinem Vorschlag ein Doppeltes erreichen: die lebendige Verbindung der Kirche mit den bürgerlichen Führungsschichten und damit – wie er meinte – am Leben der Nation sowie eine kirchliche, kirchenrechtlich vorgegebene Ordnungsform für diesen Kontakt von Kirche und Welt. Dies war ein Grund für seine Ablehnung der »Privatvereine«: »Einmal sind sie keine kirchlichen Organe, sie haben keine kirchliche Mission und Auctorität. Sodann repräsentieren sie überall nur eine bestimmte Richtung und haben deßhalb keinen katholischen, sondern einen particularistischen Charakter«[49]. Der andere Grund für die Ablehnung der Pius-Vereine lag in seinen Vorstellungen von der inneren Ordnung der Gesellschaft: »Nur sich nicht auf die Massen verlassen ! Diese sind ewig unzuverlässig. – [...] Nicht die Massen sind die Nation; der Mittelstand, namentlich die in der Gesellschaft durch Talent, Kenntnisse, Amt oder Vermögen höher Stehenden sind die Nation«[50]. So hatten Hegel und die Liberalen gedacht; aber 1848 wurde erkennbar, daß die Massen nicht mehr lange bereit sein würden, sich auf diese Weise aus der Nation ausschließen zu lassen. Die Entscheidung der Pius-Vereine für die Massen entsprach der säkularen Tendenz zur Demokratisierung der Gesellschaft, mochte sie von diesem Ziel auch noch weit entfernt sein. Demgegenüber vertrat Hirscher die Position des Vormärz; noch war es möglich, sie ernst-

48 Ebd. S. 27.

49 Ebd. S. 30.

50 Ebd. S. 58.

haft und mit Aussicht auf Gehör zum Ausdruck zu bringen. Dies war freilich für die katholischen Vereine das geringere Problem; sie konnten abwarten, wem die Zeit Recht geben werde.

Anders stand es mit der Frage, ob die Kirche sich die Hilfe der Laien außerhalb ihrer eigenen Strukturen gefallen lassen würde. Hier ging es letztlich um die Frage, wie die Kirche sich selbst verstand. War sie nur dort präsent, wo sie amtlich in Erscheinung trat, in den Formen, die das Kirchenrecht regelte, oder war sie auch in den Laien präsent, die sich für sie in die Schanze schlugen, ohne von den Bischöfen geführt und angefeuert zu werden ? Daß die Laien nicht nur zur Kirche gehören, sondern daß sie die Kirche sind, ja »in der vordersten Linie des kirchlichen Lebens« stehen, hat erst Pius XII. gesagt[51]. 1848 konnte man darüber noch anders denken. Daß sich die Pius-Vereine dadurch nicht haben schrecken lassen, macht nicht zum geringsten die historische Bedeutung der katholischen Bewegung und der Mainzer Versammlung von 1848 aus.

51 Arthur Fridolin Utz und Josef Fulko Groner (Hg.), Aufbau und Entfaltung des gesellschaftlichen Lebens. Soziale Summe Pius' XII. 3 Bde. Freiburg/Schweiz 1954-1961. Nr. 4106.

# III. WANDEL UND WACHSTUM

Das ruhmlose Ende der im März 1848 mit vielen Hoffnungen begrüßten Revolution und die ihr folgende Reaktion der alten Gewalten konnten keine Vereinigung unberührt lassen, die unter den eigentümlichen Bedingungen des Revolutionsjahres entstanden war. Den Pius-Vereinen und dem »Katholischen Verein Deutschlands« war das Politische immanent, mochte es auch jeweils unterschiedlich akzentuiert sein. In einzelnen Ländern des Deutschen Bundes waren sie darum zeitweilig auch verboten. Schwerer wog jedoch, daß nach 1848 der Spielraum für jegliche politische Aktivität enger wurde. Zudem wurden in Österreich und Preußen die staatskirchlichen Verhältnisse neu geordnet und der Kirche weit größere Freiheit eingeräumt, als sie je zuvor besessen hatte. Gab es auch bei einer Reihe von Staaten des Deutschen Bundes noch lange lästige Einschränkungen für die Entfaltung des kirchlichen Lebens, so war die katholische Bewegung ihrem Ziel, die Freiheit der Kirche zu erringen, ein gutes Stück näher gekommen. Diese und mit ihr die gesamte neue Verfassung gegen Versuche zu ihrer »Revision nach rückwärts« zu verteidigen, wurde mit der Zeit eine zentrale Aufgabe der katholischen Abgeordneten im preußischen Landtag. Aber für solche Eventualitäten konnte keine Massenbewegung aktiviert werden, zumal nicht einmal ein Politiker wie August Reichensperger mit der Notwendigkeit rechnete, die Katholiken zu neuen politischen Aktionen zusammenzubringen. »Wir hatten ja die Verfassung«[52].

Für die katholische Vereinsbewegung ergab sich daraus als erste Konsequenz, daß ihre nicht im engeren Sinne politischen Ziele nun deutlicher hervortraten als früher. Ein »Programm des katholischen Vereines Deutschlands«, das dem offiziellen Bericht über die dritte Versammlung vom Oktober 1849 in Regensburg beigegeben wurde, bezeichnete als »Zweck jedes katholischen Vereins« seine kirchliche Funktion: »vor allem seine Mitglieder in Besprechungen und Vorträgen immer mehr und mehr zu unterrichten und zu bereichern in katholischer Erkenntniß, Bildung und Gesittung«[53]. Das Ziel der Kirchenfreiheit mit seinen politischen Implikationen hatte seine Dringlichkeit verloren; aber es behielt seinen alten Rang: »Die Freiheit der Kirche verhält sich zur politischen Freiheit als deren unerläßliche Vorbedingung, als ihre Grundlage zugleich und ihr festestes Bollwerk«, hatte Döllinger in öffentlicher und bald durch den Druck verbreiteter Rede in Regensburg erklärt[54]. Aber schon bei der vorangegangenen Generalversammlung vom Mai in Breslau waren Bildung, Erziehung und Caritas als vordringliche Aufgaben der Vereine in den Blick getreten und hatten unter den Beschlüssen beträchtlichen Umfang angenommen; in Re-

52 Ludwig Pastor, August Reichensperger 1808-1895. Sein Leben und sein Wirken auf dem Gebiet der Politik, der Kunst und der Wissenschaften. 2 Bde. Freiburg 1899. Bd. I S. 342 Anm. 2.

53 Bericht 1849 (Regenburg) S. 207.

54 Ebd. S. 108.

gensburg bildeten die Abschnitte »Bildungszweck« und »Charität« den eigentlichen, sachlichen Kern in der Liste der Beschlüsse[55]. Für eine Reihe von Jahren lag den Protokollen der Generalversammlung dieses Gliederungsschema zugrunde; es demonstrierte unbeabsichtigt, wo die Generalversammlung nun ihre zentralen Aufgaben sah, bevor diese sich 1856 in Linz uneingeschränkt zur Veränderung ihrer ursprünglichen Zielsetzung bekannte. Hier beschloß sie, »daß, obwohl der eine Hauptzweck der katholischen Vereine: der Kampf für die Freiheit der Kirche, nämlich dadurch, daß theils die kirchlich-politischen Verhältnisse in Deutschland und namentlich in Österreich durch das Concordat faktisch geordnet, theils von der legitimen Autorität, von dem Episkopat, entschieden in die Hand genommen sind, im Prinzipe als erledigt und daher die dießfallsigen Bestimmungen früherer Generalversammlungen als antiquirt angesehen werden müssen – daß doch dadurch die ganze Aufgabe der katholischen Vereine durchaus noch nicht als vollständig erreicht zu betrachten ist; vielmehr ist sie der Ansicht, daß dieselben nunmehr der anderen Seite ihrer Aufgabe, nämlich die höheren Prinzipien und Anschauungen der katholischen Kirche nach allen Seiten hin ins Leben einzuführen, mit desto größerem Eifer obliegen und da, wo sie etwa ermattet sind, mit neuer Kraft sich aufraffen mögen«[56].

---

[55] Bericht 1849 (Breslau) S. 138-142 und Bericht 1849 (Regensburg) S. 202-205.

[56] Bericht 1856 S. 271f.

Es zeigte sich freilich schon früh, daß es einem einzelnen Verein kaum möglich sein würde, die wachsende Zahl der Aufgaben, die auf den Generalversammlungen zur Sprache kamen, mit Erfolg anzugreifen. Die Bildung neuer, für enger umgrenzte Ziele bestimmter Organisationen wurde unumgänglich. Ein erster Schritt war bereits 1848 in Mainz erfolgt, als der Präsident den Vinzentius-Verein für konstituiert erklärt hatte. In Regensburg ging man 1849 in dieser Richtung weiter, indem man durch Beschluß der Generalversammlung den Bonifatius-Verein zur Unterstützung der deutschen Diaspora schuf. Die Generalversammlung wurde zum Motor neuer Vereinsgründungen, der Organisation der Katholiken zur Erreichung ihrer gemeinsamen Ziele in der Nation wie in ihrem engeren Lebenskreis. Gerade die in Linz ausgesprochene Neuorientierung des Vereinswesens machte auch die Bildung kleiner Gruppen sinnvoll. »Es gibt kein Dorf, wo nicht Paramente auszubessern wären; schaffen Sie einen Verein, und Sie werden sehen, daß es geschieht. Es gibt kein Dorf, wo nicht Kranke und Arme zu pflegen wären; gründen Sie einen Frauen-, Vinzenz- oder Elisabethenverein, so wird er in dem kleinen Kreise dasselbe wirken, was er im größeren wirkt«, hieß es in Linz[57]. Die den von den Generalversammlungen angeregten Vereinsgründungen sollten sachgebundenen Zwecken dienen, nicht der besseren seelsorglichen Betreuung bestimmter Personengruppen. Den Antrag, in solcher Absicht »Standesbündnisse« zu

---

[57] Ebd. S. 94.

errichten, hat die Generalversammlung als außerhalb ihrer Kompetenz liegend zurückgewiesen[58], wohl aber hat sie die Marianischen Kongregationen wiederholt empfohlen[59].

Während sich unter nachdrücklicher Förderung der Generalversammlung zahlreiche neue Vereine mit unterschiedlichster Zielsetzung entwickelten, verloren die alten Pius-Vereine immer mehr an Bedeutung. Nachdem man bereits 1856 in Linz beschlossen hatte, alle katholischen Vereine aufzufordern[60], sich bei den Generalversammlungen vertreten zu lassen, entsprach es nur der gewandelten Realität, daß die neue Geschäftsordnung vom Jahre 1862 die Generalversammlung ausdrücklich zu einer »aller in Deutschland bestehenden Vereine« machte und diese einlud, ihre eigenen Jahresversammlungen »gleichzeitig mit der Katholikenversammlung abzuhalten«, wie es der Bonifatius-Verein bereits seit jeher tat. Die »Generalversammlung des Katholischen Vereins Deutschlands« wurde zur »Generalversammlung der katholischen Vereine«. Die Beteiligung blieb allerdings nicht auf Vereinsvertreter beschränkt.In Linz wurde 1856 geregelt, daß die Redakteure der katholischen Presse und »sonstige katholische Notabilitäten« Sitz und Stimme erhielten[61]. Wenig später wurde durch Veränderung der Geschäftsordnung nicht nur den Delegierten und den vom Lokalkomitee persönlich Eingela-

[58] Bericht 1850 S. 103f.
[59] Vgl. z.B. Bericht 1851 S. 147 und Bericht 1863 S. 279.
[60] Bericht 1856 S. 272.
[61] Ebd.

denen, sondern allen Männern, die ihr Interesse bekundeten (und nicht aus besonderen Gründen zurückzuweisen waren), Sitz und Stimme eingeräumt[62]. Gleichzeitig neigte sich die aus dem »Laienverein« des Jahres 1848 entstandene Bewegung den unter kirchlicher Leitung stehenden Gruppierungen zu. Die Generalversammlung von 1857 in Salzburg betonte die Konvergenz in der Tätigkeit der »jetzigen katholischen Vereine« und der seit alters bestehenden Bruderschaften und empfahl daher »die Annäherung der gegenwärtigen Vereine, so viel es zweckthunlich ist, an die Einrichtung und kirchliche Formation der Bruderschaften«[63]. Dieser im Ausschuß zunächst abgelehnte Beschlußantrag war mit einer langen Reihe von Argumenten, nicht zuletzt mit der Möglichkeit einer kirchlichen Bruderschaft begründet worden, einem staatlichen Vereinsverbot auszuweichen. Seine Realisierung hätte jedoch bedeutet, daß die Kirche gerade auf jene Form ihrer Repräsentation in der Gesellschaft verzichtete, die den Bedingungen der Zeit entsprach. Erkennbare Folgen hat dieser Beschluß nicht gehabt. Die Zeichen der Zeit wiesen schon bald darauf hin, daß die Aktivität der Laien sich nicht auf das Feld beschränken konnte, das auch den Bruderschaften offen war.

Die frühen Generalversammlungen sind ihrem inneren Gehalt nach bald über die Form einer Mitgliederversammlung oder eines Gelehrtentreffens hinausge-

---

[62] Bericht 1859 S. 12 und S. 14.

[63] Bericht 1857 S. 278.

wachsen, wenn sie diesen auch im äußeren Ablauf der Veranstaltung nahekamen. Das ihnen von Anfang an innewohnende religiöse Element wurde mehr und mehr zu ihrem gestaltenden Prinzip und einer Wurzel ihres Erfolgs. Die bei den Generalversammlungen abgehaltenen Gottesdienste wurden zahlreicher und festlicher; immer häufiger nahmen Bischöfe, gelegentlich auch der päpstliche Nuntius, an den Versammlungen teil. Dies ist wohl weniger eine von außen herangetragene Entwicklung als die Folgewirkung der mit den Generalversammlungen verbundenen Stärkung des religiösen Bewußtseins gewesen. Wenn die Generalversammlung nicht allein das organisatorische Gefüge des deutschen Katholizismus zur Darstellung brachte, sondern zugleich das Wort »katholisch«, wie ein Redner auf der Wiener Versammlung des Jahres 1853 sagte, »in seiner ganzen Kraft und Bedeutung« erkennen ließ und deutlich machte, »welche Freude es sei, Katholik zu sein«[64], dann lag es nahe, ihr eine über die in ihr vertretenen Organisationen hinausreichende, gleichsam missionarische Bedeutung für Ort und Region ihrer jeweiligen Tagung zuzusprechen. Die Verlagerung des Schwergewichts auf die öffentlichen Veranstaltungen zeigte sich auch darin, daß die Amtlichen Berichte sie oft sorgfältiger dokumentierten als die geschlossenen, bei denen die einer Mitgliederversammlung entsprechenden Fragen der Vereine und der Generalversammlung erörtert wurden. Gelegentlich wurde die Öffentlichkeitswirkung der Ver-

[64] Bericht 1853 S. 32.

sammlung sogar ausschlaggebend für die Wahl des Tagungsortes. Denn in den wachsenden Zahlen der Teilnehmer machten die aus dem jeweiligen weiteren Umkreis des Tagungsorte Stammenden regelmäßig einen sehr erheblichen Teil aus. Aus diesem Grunde wurden bei der Tagung in Prag 1860 die öffentlichen Versammlungen zweisprachig durchgeführt. So erwünscht diese Wirkung der Generalversammlungen auf die Öffentlichkeit den Verantwortlichen auch erscheinen mochte, so stärkte sie doch die Tendenzen zur Klerikalisierung. Das in Wien vorgestellte Bild der Generalversammlung umschloß auch die Vorstellung vom katholischen Verein als »neuer Mittelpunkt fürs christliche Leben in der Gemeinde«, der dementsprechend auch unter der Leitung des Pfarrers stehen sollte[65]. In Prag rühmte der gastgebende Fürst-Erzbischof die Generalversammlung als »christ-katholisches Laien-Koncil« mit der Aufgabe »zu berathen, wie die Wünsche, die Aufträge der Kirche im bürgerlichen Leben, im Familienleben, im Handels- und Verkehrsleben, im industriellen Leben anzuwenden und durchzuführen seien«[66]. Der unverkennbare Erfolg der Generalversammlungen, der sich in steigenden Teilnehmerzahlen und zunehmender Präsenz des hohen Klerus ausdrückte, ging einher mit dem Verlust ihrer ursprünglichen Aufgabe und Organisationsform.

In dem Maße, in dem die Generalversammlung ihren ursprünglichen Charakter als eine Zusammenkunft von

---

[65] Bericht 1853 S. 35f.

[66] Bericht 1860 S. 70.

Vereinsmitgliedern oder -delegierten abstreifte, wuchsen die organisatorischen Aufgaben, die von einem ad hoc berufenen Komitee des jährlich wechselnden Vororts kaum mehr bewältigt werden konnten. 1868 wurde daher, eine ältere Anregung aufgreifend und zunächst nur provisorisch, ein Zentralkomitee geschaffen, das aus fünf bis sieben Geistlichen und Laien bestehen sollte. Ihm fiel die Aufgabe zu, die Beschlüsse der Generalversammlung auszuführen, die nächste vorzubereiten und die katholischen Vereine eines neuen Typs, die zum Zwecke des geselligen Kontakts geschaffenen Kasinos, auszubreiten. Vor allem aber sollte es der nächsten Generalversammlung »einen vollständig durchgearbeiteten Plan zur Organisation der katholischen Partei Deutschlands« vorlegen[67]. Eine solche katholische Gesamtorganisation erwies sich jedoch als rechtlich undurchführbar. Die erstrebte Verbindung zwischen den verschiedenen katholischen Vereinen und Institutionen schien nur auf dem Wege persönlicher Kontakte möglich. Darum gab man auf der nächsten Generalversammlung dem Zentralkomitee eine neue Struktur: für jede Diözese sollten ihm nun ein bis drei Personen angehören[68].

Präsident des Zentralkomitees war von 1868 an Karl Fürst zu Löwenstein. Nahezu bis zur Jahrhundertwende hat er wie kein anderer die Entwicklung der Generalversammlungen bestimmt. Materiell unabhängig und als Chef eines ehemals reichsunmittelbaren Hauses gebore-

---

67 Bericht 1868 S. 299f.

68 Bericht 1869 S. 51 und S. 134-138.

nes Mitglied der ersten Kammer in den Parlamenten von Baden, Bayern, Hessen und Württemberg, verfügte er unter den politischen und gesellschaftlichen Verhältnisse der Zeit über fast unvergleichliche Wirkungsmöglichkeiten, die er rückhaltlos in den Dienst an der Kirche stellte. Er starb als Dominikanermönch.

Nach der Gründung des Deutschen Reiches wurde angesichts der verschärften kirchenpolitischen Auseinandersetzungen erneut der (bald darauf wieder gescheiterte) Versuch gemacht, die Katholiken in einer Gesamtorganisation, dem Verein der deutschen Katholiken, zusammenzufassen mit dem Zweck: »Verteidigung der Freiheit und der Rechte der katholischen Kirche und Geltendmachung der christlichen Grundsätze in allen Gebieten des öffentlichen Lebens durch alle sittlich und gesetzlich erlaubten Mittel, insbesondere durch Ausübung der verfassungsmäßig anerkannten und garantierten staatsbürgerlichen Rechte«[69]. Dieser neue Verband konnte die Generalversammlung in den politischen Aufgaben, die sich nunmehr wieder drängend stellten, entlasten und auf dem schon eingeschlagenen Wege wachsender religiöser Ausgestaltung belassen. Da dieses Unternehmen im ersten Anlauf Erfolg versprach, erschien das Zentralkomitee, das zu einem großen Apparat geworden war, entbehrlich. Die nächste Generalversammlung beschloß daher auf Löwensteins Antrag, das Zentralkomitee aufzulösen und die verbleibenden organisatorischen Aufgaben einem »Commissär der Gene-

[69] Karl Buchheim, Ultramontanismus und Demokratie. Der Weg der deutschen Katholiken im 19. Jahrhundert. München 1963. S. 261.

ralversammlung« zu übertragen, der als Einzelperson von den Beschränkungen durch die Vereinsgesetze nicht betroffen wurde[70]. Das neugeschaffene Amt fiel wieder an Löwenstein, der es, von jeder Generalversammlung wiedergewählt, bis 1898 ausübte.

Gleichzeitig traf die Versammlung zwei Entscheidungen, welche die seit 1848 eingetretene Entwicklung zu einem Organ der Repräsentation des katholischen Volksteils nachdrücklich bestätigte. Um möglichen Verboten aufgrund der Vereinsgesetzgebung auszuweichen, bezeichnete die neue Geschäftsordnung die Generalversammlung nicht mehr als eine »der katholischen Vereine Deutschlands«, sondern »der Katholiken Deutschlands« und folgerichtig erhielten »alle erwachsenen deutschen katholischen Männer«, sofern sie nur die Einschreibegebühr entrichteten, gleichberechtigt Sitz und Stimme (Frauen konnten – wie schon immer – zuhören).

Wenn auch durch die rechtlichen und politischen Umstände veranlaßt, waren diese Änderungen mehr als nur taktisch gemeinte Auswege. Die Generalversammlungen verstanden sich schon vorher nicht mehr als Vertreterversammlungen, sondern als Verkörperung des deutschen Katholizismus. Im Bewußtsein dieser Kraft zur Repräsentation des Ganzen hatte der Präsident des Lokalkomitees bei der Mainzer Generalversammlung von 1871 erklärt, daß die »Hunderte in diesem Saal [...] die Überzeugung der 14 Millionen katholischer Deut-

[70] Bericht 1872 S. 225-231.

scher« zum Ausdruck brächten[71], und die Zeitschrift »Der Katholik« hatte ungefähr zur gleichen Zeit betont, daß die Generalversammlungen »in einer sehr zuverlässigen Weise die Gesinnung und Überzeugung, die Willensmeinung und die Gefühle der ihrer Kirche treu ergebenen, aufrichtig gläubigen Katholiken manifestieren«[72].

Die Absicht, sich als Glied der großen Gemeinschaft der Katholiken zu erfahren und darzustellen, war wohl eine Ursache für den wachsenden (wenn auch von Tagungsort zu Tagungsort erheblich schwankenden) Zustrom zu den Generalversammlungen. Das gleiche Motiv dürfte auch die Ursache gewesen sein, die in den siebziger Jahren zur Veranstaltung ähnlicher Versammlungen in regionalen Rahmen drängte[73].

Eine weitere Änderung der Geschäftsordnung wurde zur Landmarke der Situation, der die deutschen Katholiken nicht ausweichen konnten, mochten sie auch noch so gern den religiösen Charakter ihrer Zusammenkünfte betonen: weil ihre Probleme politisch bedingt waren, mußten sie politisch handeln. Die Generalversammlung konnte sich dieser Notwendigkeit auf die Dauer um so weniger entziehen, da der als politische Repräsentanz konzipierte »Verein der deutschen Katholiken« bereits 1876 endgültig an der polizeilichen Repression scheiterte. Aber noch zu einer Zeit, da man annehmen konnte, daß er der Generalversammlung die eigentlich politi-

[71] Bericht 1871 S. 20.

[72] Der Katholik 1871 II S. 460.

[73] Bericht 1876 S. 45.

schen Aufgaben abnehmen werde, hatte sich gezeigt, daß auch die Generalversammlung ihre zentralen Aufgaben nicht in einem politikfreien Raum erfüllen konnte, da ein Ausschluß aller politischen Erörterungen ihre Handlungsmöglichkeiten in unerträglichen Maße eingeschränkt hätte. Wiederum auf Antrag des Fürsten Löwenstein wurde 1872 das Verbot der »politischen Polemik« aus der Geschäftsordnung gestrichen. »Bei der jetzigen Lage der Dinge wäre es schwer, ja fast unmöglich, alle politischen Reden und Discussionen zu vermeiden, zumal der Begriff ›politisch‹ nach den meisten Gesetzgebungen ein sehr weiter ist. Es läßt sich aber auch kein Grund finden, weshalb wir uns freiwillig eine solche Beschränkung auferlegen sollten«, meinte der Antragsteller[74].

Es war nicht allein der Kulturkampf in Preußen und Deutschland, der die Aktivität der Katholiken herausforderte. Während die Generalversammlung 1860 in Prag getagt hatte, waren die päpstlichen Truppen bei Castelfidardo geschlagen und in Ancona eingeschlossen worden. Diese Niederlage bedeutete den Anfang vom Ende des Kirchenstaates. Das 1861 gegründete Königreich Italien war darum seit seinem Entstehen Adressat von Protestresolutionen der Generalversammlungen. Die Aachener Tagung von 1862 sah bereits in seiner Existenz »einen die ganze europäische Ordnung bedrohenden Sieg der Revolution«, beklagte »aufs tiefste die Anerkennung, welche dasselbe theilweise erlangt hat«

[74] Bericht 1872 S. 226.

und dankte »den Fürsten und allen Männern, welche sich dieser Anerkenntniß widersetzt« hatten[75]. Proteste gegen die Bedrohung der päpstlichen Herrschaft in Rom und ihre schließliche Beseitigung in Folge des deutsch-französischen Krieges von 1870, die Forderung nach Wiederherstellung des Kirchenstaates, später wenigstens nach uneingeschränkter Freiheit des Papsttums wurden zu einem ständig wiederholten Thema der Generalversammlungen. Die Erörterung der »Römischen Frage« griff unverhüllt in die Außenpolitik der europäischen Staaten ein und wurde erheblich heikler, als dadurch nicht mehr eine unbestimmte Vielzahl von Regierungen, sondern nach 1871 vor allen anderen die deutsche Reichsregierung gefordert war, die ein freundliches Verhältnis zu Italien suchte, mit dem sich Preußen 1866 verbündet hatte und 1882 das Deutsche Reich den Dreibund zur Abwehr eines französischen Angriffs schloß[76].

Noch weitaus stärker als durch die Bedrängnis des Papstes sahen sich die Katholiken politisch engagiert durch die erneuten Einengungen der kirchlichen Freiheit, zu denen sich der siegesgewisse Liberalismus mit dem Etatismus der politischen Reaktion als Bundesgenosse im Kulturkampf verband. Wenn auch die Hauptlast der Abwehr bei der neugegründeten Zentrumspartei

[75] Bericht 1862 S. 277.

[76] Rudolf Morsey, Streiflichter zur Geschichte der deutschen Katholikentage 1848-1932, in: Jahrbuch für Christliche Sozialwissenschaften 26 (1985) S. 9-24 verweist S. 16 darauf, daß die entsprechenden Resolutionen der Generalversammlungen seit 1898 »auch in Rücksicht auf den deutsch-österreichisch-italienischen ›Dreibund‹«eine gemäßigtere Formulierung verwendeten.

lag, so konnte die Generalversammlung sich doch den Auseinandersetzungen nicht entziehen, da nun wiederum die kirchliche Freiheit auf dem Spiel stand, deren Erringung und Sicherung von Anfang an ihr vornehmster Zweck gewesen war. Zu einem vielverwendeten Instrument des Protestes gegen die staatlichen Maßnahmen wurden die Resolutionen, die den Verantwortlichen den Willen einer Gruppe von Staatsbürgern und Wählern demonstrierten und zugleich die Gesamtheit der deutschen Katholiken zu einer einheitlichen Auffassung zu führen suchten[77].

Trotz dieser drängenden Aufgaben trat in der Gesamtkonzeption der Generalversammlungen keine Änderung ein. Die Gliederung in vier Ausschüsse (1. für Missionen, Caritas und christliche Kunst 2. für soziale Fragen, 3. für Wissenschaft und Presse, Verteidigung der Kirche, Schulfrage, 4. für Äußeres und Formalien), welche die Anträge für die geschlossenen Sitzungen vorbereiteten blieb lange erhalten und gab das Gerüst für die Beschlußtätigkeit.

Wenn auch der Kommissar der Generalversammlungen bestrebt blieb, die im engeren Sinne politische Vertretung der Katholiken einer anderen Organisation zu überlassen, bahnte sich mit dem Zentrum, das als formell interkonfessionelle Partei nicht in direkter Beziehung zur Generalversammlung stand, eine mit der Zeit enger werdende Gemeinsamkeit an. Einige seiner wich-

---

[77] Ein Beispiel in Bericht 1872 S. 232-235, zur Verlesung und Bestätigung in der öffentlichen Generalversammlung S. 271, vgl. auch Bericht 1881 S. 295-297.

tigsten Repräsentanten, Reichensperger, Frankenstein, Schorlemer-Alst hatten auch die Generalversammlungen mitgestaltet. Deren Kommissar nahm 1871/72 ein Mandat als Reichstagsabgeordneter der Zentrumspartei wahr. Die Zentrumsabgeordneten des Reichstags waren bereits 1871 zur Mainzer Tagung eingeladen worden. Der erste Vorsitzende der Reichstagsfraktion, Hermann v. Mallinckrodt, ist jedoch niemals erschienen; auch der eigentliche Führer der Partei, Ludwig Windthorst, hielt sich zunächst zurück. Als er aber von 1879 an regelmäßig kam, wurde er zum umjubelten Mittelpunkt. 1887, nach dem Ende der meisten Kulturkampfgesetze, gedachte die Generalversammlung »mit größter Dankbarkeit der Leistungen und Verdienste derjenigen Männer, welche im Centrum seit so vielen Jahren unter den schwierigsten Verhältnissen für die Freiheit, die Rechte und Interessen der katholischen Kirche und für das wahre Wohl des Volkes mutig und beharrlich gekämpft und viele Erfolge errungen haben«[78].

Es konnte nicht ausbleiben, daß die Katholiken unter dem Druck des Kulturkampfes auch die Generalversammlung stärker als früher noch zum Ort ihrer selbstbewußten Repräsentation machten. Windthorst sprach 1881 in der ihm regelmäßig zufallenden Schlußrede den demonstrativen Charakter der Versammlung offen aus: »Wir Katholiken Deutschlands wollen aller Welt und Jedermänniglich alljährlich vor Augen führen, daß

---

[78] Bericht 1887 S. 286.

wir da sind (Bravo!), daß wir uns nicht an die Seite schieben lassen (Bravo!), daß wir vollbürtige Söhne des Vaterlandes sind (Bravo!), daß wir vollbürtig unsere Pflicht thuen, aber auch vollbürtig unsere Rechte in Anspruch nehmen (Bravo!)«[79]. Der Wille, sich und anderen die eigene Stärke zu zeigen, war wohl auch der Grund für die zunehmende Neigung, die Generalversammlung als Fest zu veranstalten. In Bonn, wo ein großer Teil der Theologieprofessoren im Protest gegen das I. Vatikanische Konzil von der Kirche abgefallen war und der altkatholische Bischof seinen Sitz aufgeschlagen hatte, wurde 1881 die Generalversammlung mit einem Festzug begonnen, der die Teilnehmer vom Münster zur Beethovenhalle geleitete. Nach dem offiziellen Tagungsbericht wurde er eröffnet »durch die von der hiesigen Kutscher-Innung gestellten Vorreiter. In der ersten Abtheilung des Zuges sah man zunächst die verschiedenen katholischen studentischen Corporationen und Verbindungen, dann den kameradschaftlichen Verein, sowie acht religiöse Corporationen. Die zweite Abtheilung bestand aus dem katholischen Gesellen-Verein, sowie den Innungen der Bäcker, Metzger, Kutscher, Schneider und Schuster. Die dritte Abtheilung wurde durch nicht weniger als acht Gesang-Vereine eröffnet. Ihnen folgten die Kirchen- und Gemeinde-Vertretungen mit dem Clerus der Bonner Pfarreien, das örtliche Comité, die fremden Gäste und die S. Sebastianus-Schützengilde mit ihrem Banner, welche als Ehrengarde den blumenge-

[79] Bericht 1881 S. 298.

schmückten Wagen des hochwürdigsten Herrn Weihbischofs Dr. Baudri von Köln, an dessen Seite Seine Exzellenz der Herr Staats-Minister Dr. Windthorst saß, umgaben. [...] Die festlich geschmückten Straßen waren schon lange vorher mit Tausenden von begeisterten Zuschauern besetzt«[80].

Eine andere, den unverändert religiösen Charakter der Generalversammlung betonende Eigenart war der in diesen Jahren aufkommende Brauch, die Tagung mit einer Wallfahrt zu einem nahegelegenen Heiligtum zu verbinden. Auf dem Maria-Hilf-Berg bei Amberg erinnert noch heute eine Tafel an den Besuch Windthorsts und der anderen Teilnehmer im Jahre 1884.

Die mit dem Ende des Kulturkampfes und dem wenig späteren Regierungsantritt Kaiser Wilhelms II. allmähliche stärker werdende Integration des katholischen Volksteils in die deutsche Gesellschaft hat die Bedeutung der Generalversammlung nicht verringert. Vielmehr steigerten sich die Besucherzahlen zu früher unvorstellbaren Größen; die Sonderveranstaltungen der einzelnen Vereine mehrten sich. Unverändert blieb jedoch die gewachsene Bindung an die Zentrumspartei, die nach verbreitetem Spott die Generalversammlungen zu ihren »Herbstmanövern« machte. Hier lag allerdings mehr als nur ein Körnchen Wahrheit; die Parteiführer haben den Kontakt zu den durch die Generalversammlungen repräsentierten Massen des katholischen Volksteils schlechthin für lebensnotwendig gehalten. Noch

---

[80] Bericht 1881 S. 82f.

mehr als ein Jahrzehnt nach dem Ende des Kulturkampfs brachte der Abgeordnete Hans Graf v. Praschma es auf dem Bonner Katholikentag von 1900 im militärischen Jargon der Zeit auf den Punkt: »Das Centrum in den Parlamenten ist gewissermaßen unser stehendes Heer; das katholische Volk aber und alle kirchlichen und politischen Gesinnungsgenossen bilden die Reserve, über die wir auf den General-Versammlungen Heerschau halten und dabei alljährlich unser Verhalten für die Friedenszeit und eine etwa nothwendige Mobilmachung berathen«[81].

Die veränderte Stellung der Katholiken im Deutschen Reich fand auch darin ihren Ausdruck, daß alljährlich nicht nur wie schon immer dem Papst ein Huldigungstelegramm gesandt wurde, sondern seit 1893 auch Kaiser Wilhelm II., der es von 1904 an auch persönlich, und nicht mehr durch das Zivilkabinett beantwortete[82]. Neue Darstellung fand das katholische Selbstbewußtsein und zugleich die seit dem Auslaufen des Sozialistengesetzes entschlossen vorangetriebene Frontbildung gegen die Sozialdemokratie bei den Generalversammlungen in den Festzügen der Arbeitervereine, die durch ihre Massen Demonstrationscharakter erhielten. In Düsseldorf sollen 1908 60.000 Männer mitmarschiert sein[83]. Diese Umzüge mochten dem zeitgenössischen Betrachter nur als festliches Beiwerk erscheinen; in der sozialen Wirklichkeit waren sie ein Indiz dafür, daß der

---

[81] Bericht 1900 S. 98.

[82] Bericht 1893 S. 62 und Bericht 1904 S. 353.

[83] Bericht 1908 S. 139-147.

deutsche Katholizismus sich neue Formen gesellschaftlicher Repräsentanz anzueignen verstand. So wie es gelungen war, die bürgerliche Assoziation, den Verein, als Instrument der Selbstverständigung und Selbstbehauptung zu nutzen und auf diese Weise in der Welt der bürgerlichen Gesellschaft präsent und aktionsfähig zu werden, so deutete um die Jahrhundertwende der Brauch der Arbeiterfestzüge bei den Generalversammlungen die Möglichkeit der Kirche an, auch mit den Ausdrucksformen des aufkommenden Massenzeitalters, Demonstration und Kundgebung, umzugehen und die Bindungen an die bürgerliche Gesellschaft gegebenenfalls ebenso abzustreifen wie die an die vorangegangenen sozialen Formationen. Ein Umzug wie der 1881 in Bonn war Element bürgerlicher Festkultur gewesen, die neuen Arbeiterzüge hingegen Demonstration der von einem Willen geeinten Masse. Daß die Katholiken über diese Möglichkeit verfügten, machte sie ihren alten Gegnern überlegen. Es war nur die Sozialdemokratie, die vergleichbare Massen auf die Straße zu bringen vermochte. Sollte es einmal darauf ankommen, würden die Katholiken mithalten können. In den Revolutionswirren des Winters 1918/19 haben sie mit ihren Massenaufmärschen in Berlin und Dresden die über alle Stränge schlagenden Kulturpolitiker der Sozialdemokratie das Fürchten gelehrt.

Eine wichtige organisatorische Veränderung in der Gestalt der Generalversammlungen wurde notwendig, als ihr Kommissar, Fürst Löwenstein, sich im Jahre 1898 nicht mehr zur Wiederwahl stellte. Die rechtlichen Gegebenheiten, die es seinerzeit rätlich erscheinen ließen, diese Institution zu schaffen, waren entfallen. Die Wiedererrichtung eines Zentralkomitees war die einfache Folgerung. Es bestand aus einigen zwanzig Personen, unter ihnen der Sohn des alten Fürsten, Erbprinz Alois, der später seinem Vater in der Führungsrolle der Generalversammlungen folgte. Erster Präsident des neuen Zentralkomitees wurde Graf Droste zu Vischering[84].

Die Reihe der Generalversammlungen der Vorkriegszeit fand 1913 mit der Tagung in Metz, die mit ihrer ausdrücklichen Zuwendung zu den frankophonen Lothringern die Einheit der Katholiken und ihrer Kirche über die Grenzen der Sprachen und Nationen hinweg betonte, einen glänzenden Abschluß. Sechs auswärtige Bischöfe waren anwesend, 5.560 Karten hatte man an ständige Mitglieder der Generalversammlung ausgegeben, 1.642 an einmalige Mitglieder, einige hundert weitere an verschiedene andere Kategorien von Besuchern. 63 Sonderzüge brachten die Teilnehmer an den Veranstaltungen des Sonntags in die Stadt. 119.784,65 Goldmark – ein stattliches Vermögen – hatte die Veranstaltung gekostet, aber bis auf einen Restbetrag von 8.115,91 Mark waren alle Kosten durch Einnahmen gedeckt[85].

Ein Jahr später waren die in Metz gewachsenen Hoffnungen auf eine engere Verbindung mit den lothringischen Katholiken gescheitert, und in der Entwicklung der

[84] Bericht 1899 S. 104f.
[85] Bericht 1913 S. 101 und S. 138.

Generalversammlungen eine Zäsur eingetreten, die niemand erwartet hatte. Während des Ersten Weltkriegs waren sie gänzlich unmöglich. Das Zentralkomitee versuchte, der Gefahr eines Auseinanderdriftens der katholischen Kräfte entgegenzuwirken, indem es die Verbände zu einer Vertretertagung auf den 4. und 5. Juli 1916 nach Frankfurt am Main einlud. Wenn dieser Veranstaltung auch keine große Bedeutung zukam, so gab sie doch das Modell, mit dem die ursprüngliche Funktion der Generalversammlung, die Koordination des Organisationskatholizismus, vor der Verschüttung durch die immer größer werdenden Zahlen von Teilnehmern und Veranstaltungen für die Öffentlichkeit bewahrt werden konnte. 1920, 1923, 1926 und 1927 und noch in den Jahren der Bundesrepublik hat man meist zusätzlich zu den üblichen Generalversammlungen in dieser Weise die Repräsentanten der Organisationen zu Arbeitsgesprächen zusammengeführt.

Wenn auch die Not der Zeit die Wiederkehr der alten Generalversammlungen verhinderte und später die Fortführung der großen Zusammenkünfte nur in bescheidenerem Maße erlaubte, so zeigte sich die Bereitschaft der Katholiken zu dieser Weise der Darstellung ihrer gesellschaftlichen Präsenz ungebrochen. Schon 1919 fand eine Reihe regionaler Treffen statt, 1920 gab es sogar in dem Diasporaland Thüringen, das sich erst in diesem Jahre aus einer Vielzahl kleiner Fürstentümer zu einem Freistaat der Weimarer Republik umgebildet hatte, einen eigenen »Katholikentag«, wie man nun immer mehr, wenn auch zunächst noch inoffiziell, die alte Generalversammlung nannte.

Die Veränderung in der Bezeichnung geschah nicht von ungefähr. Schon lange besaß jeder Katholik, der seine Eintrittskarte löste, auf der Generalversammlung volles Stimm- und Antragsrecht; die Menge der Berechtigten machte es jedoch praktisch unmöglich, daß sie es tatsächlich ausübten. Die überkommene Form der Generalversammlungen wäre gesprengt worden, wenn Tausende sich an ihren Beratungen und Beschlußfassungen hätten beteiligen wollen. Offensichtlich ging es den Menschen, die zu den Generalversammlungen strömten, auch gar nicht darum, wie Vereinsmitglieder oder Aktionäre bei der Hauptversammlung ihre Partizipationsrechte auszuüben. Was sie kommen ließ, war wohl etwas ganz anderes: der Wunsch, sich als Angehörige einer großen Gemeinschaft zu erleben; den geistlichen und politischen Leitfiguren der eigenen, von der Konfession bestimmten Lebenswelt zu begegnen; an der Darstellung der eigenen Gemeinschaft gegenüber einer anders gearteten Umwelt teilzunehmen. Für solche Zwecke war eine durch Formalien gesteuerte Versammlung weit weniger geeignet als eine Großveranstaltung, die sich im Applaus für die Redner als Gesinnungsgemeinschaft erfuhr und bestätigte. Wenn auch die Bezeichnung »Generalversammlung« mit einigem Schwanken bis zum Ende der Weimarer Zeit beibehalten wurde, war ihr ursprünglicher Charakter einer beschlußfassenden Versammlung ausgewiesener Mitglieder überdeckt durch die Realisierung des Gemeinschaftserlebnisses aller Katholiken, welche die Generalversammlung als ihren »Tag« empfanden.

Folgerichtig verlagerte sich die Bedeutung der Veranstaltung zunehmend von den Beschlüssen und Resolutionen auf die Reden, deren wörtliche Wiedergabe in der erzwungenen Sparsamkeit der Nachkriegsjahre an die Stelle der üblichen stenographischen Berichte über die Gesamtheit der Verhandlungen trat. Es entsprach der erhöhten Bedeutung der öffentlichen Reden, daß sie nun weitaus stärker als dies früher gelegentlich schon geschehen war, einem gemeinsamem Thema gewidmet wurden, das zum – zunächst noch inoffiziellen – Motto des Katholikentags wurde. Bei der ersten Versammlung nach Kriegsende, 1921 in Frankfurt am Main, war »Völkischer Gemeinschaftsgeist« der Tenor, auf den die einzelnen Vorträge gestimmt waren, – ein deutliches Indiz für den über manche innere Querelen noch hinausreichenden Anspruch der Katholiken, Politik und Gesellschaft mitzugestalten. Denn dieses heute mißverständlich gewordene, weil aus modischem und später von den Nationalsozialisten übernommenem Jargon formulierte Motto rückte die Aufgabe in den Mittelpunkt, durch nationale Solidarität der Not der Gegenwart entgegenzuwirken. Dieser erste Nachkriegskatholikentag machte die den Katholiken durch den Sturz der Monarchie zugefallene größere politische Verantwortung nicht allein durch die Verlagerung seines Schwerpunkts auf die Probleme der Gesamtnation deutlich, sondern auch durch die erstmalige Teilnahme eines amtierenden Reichskanzlers, des Zentrumspolitikers Dr. Joseph Wirth. In der Folgezeit war die Anwesenheit katholischer Kanzler, Reichs- und Landesminister keine Besonderheit mehr.

Es dürfte dieser dem Katholikentag immanente politische Charakter gewesen sein, der die Interalliierte Rheinlandkommission veranlaßte, die für 1923 nach Köln, in die Metropole des nach dem Versailler Friedensvertrag von alliierten Truppen besetzten Rheinlands, ausgeschriebene Versammlung kurzerhand zu verbieten. Es erscheint wie eine Ironie der Geschichte, daß Köln, von dem aus wichtige Impulse zur Gestaltung des deutschen Katholizismus ausgegangen waren, nun schon zum zweitenmale nicht Tagungsort der Generalversammlung werden durfte. 1854 hatte der Oberpräsident trotz vorheriger Bekundung des königlichen Wohlwollens das Katholikentreffen aus pietistischer Engstirnigkeit verboten[86]; nun war es die Sorge vor einer Demonstration rheinischer Reichstreue und katholischen Patriotismus', die allen Spekulationen französischer Politik auf separatistische Neigungen der Rheinländer entgegengewirkt hätte, die den Katholikentag unmöglich machte[87].

Die Anwesenheit politischer Prominenz auf den Katholikentagen der Weimarer Zeit vermochte freilich nicht darüber hinwegzutäuschen, daß der deutsche Katholizismus sich immer weiter von der Geschlossenheit früherer Jahre entfernt hatte, nicht allein durch die Abspaltung einer kleinen Gruppe auf der Rechten, der die Wendung zur parlamentarischen Demokratie als Verrat alter Grundsätze erschien, sondern mehr noch durch den Rückzug eines guten Teils der Jugend in eine rea-

---

[86] Bericht 1856 S. Xf.

[87] Bericht 1924 S. IX.

litätsblinde Distanz zu aller Politik. »Herbstmanöver der Zentrumspartei« waren die Katholikentage durchaus nicht mehr. Ihre Generalthemen zeigten eine sehr viel stärker nach innen, religiös gerichtete Tendenz. Schon 1922 in München hatte es in beabsichtiger Differenz zu Frankfurt geheißen: »Katholische Grundsatztreue«, 1924 in Hannover: »Höret die Kirche«, 1925 in Stuttgart, wo der Diözesanbischof sein fünfundzwanzigjähriges Amtsjubiläum beging, »Der katholische Bischof und das Volk«, 1926 in Breslau: »Christus der König«, 1932 in Essen: »Christus in der Großstadt«.

Es verstärkte den religiösen Charakter dieser Versammlungen, daß an ihnen regelmäßig der päpstliche Nuntius teilnahm. Eugenio Pacelli hat oft die feierlichen Gottesdienste zelebriert und in den großen Versammlungen geredet. Ein lebhafter Befürworter der Gravitation der Katholikentage nach innen war der Münchner Erzbischof Kardinal Faulhaber, der in der Verärgerung über den Reichskanzler Wirth dessen Einladung zur Generalversammlung nach München im Jahre 1922 verhinderte. Auf die Reaktion Wirths, daß es für ihn »als Katholiken ein tief schmerzliches Gefühl« sei,»daß der katholische Kanzler des Deutschen Reiches dem Deutschen Katholikentag nicht beiwohnen« könne, erwiderte Faulhaber ungerührt: »Da ein Katholikentag kein politischer Parteitag ist, ist es nach meiner Auffassung nicht unumgänglich notwendig, daß alle katholischen Minister teilnehmen; dem religiösen Charakter des Katholikentags würde viel mehr eine stärkere Beteiligung der Bischöfe entsprechen«[88]. Faulhaber versäumte nichts, um seinen Vorstellungen von einem Katholikentag zu realisieren; aber er beschwor damit den größten Eklat herauf, den die Geschichte der Generalversammlungen kannte. Er hielt beim Katholikentag in seiner Bischofsstadt nicht allein selbst 23 Reden und Ansprachen, sondern stellte auch seine Auffassungen von »katholischer Grundsatztreue« den von ihm angenommenen Aufweichungserscheinungen im (nord)deutschen Katholizismus massiv entgegen. Seine Absicht, den Abgeordneten des Zentrums (von dem sich die Bayerische Volkspartei 1918 getrennt hatte) deutlich zu machen, »daß es außer staatlichen Gesetzesfabriken noch ein kirchliches Lehramt gibt und daß auch das öffentliche Leben nach den Geboten Gottes eingerichtet werden muß«, und vor dem Zusammengehen mit der Sozialdemokratie zu warnen[89], riß ihn dazu hin, die Novemberrevolution »Meineid und Hochverrat [...] mit dem Kainsmal gezeichnet« zu nennen[90]. Der Präsident des Katholikentags, der Kölner Oberbürgermeister Konrad Adenauer, benutzte die ihm nach dem Protokoll zustehende Schlußrede in vorsichtiger Form zu den erforderlichen Korrekturen, löste aber einen Sturm der Entrüstung bei bayerischen Zuhörern aus, dem er nur durch die Bitte an den Kardinal entgegentreten konnte,

[88] Ludwig Volk (Bearb.), Akten Kardinal Michael von Faulhabers 1917-1945. 2 Bde. Mainz 1975. Bd.I S. 261 und S. 275.

[89] So beschrieb Faulhaber seine Zielsetzung in einem Schreiben an einen hohen Beamten des Vatikans. Volk (wie Anm. 88) S. 279.

[90] Bericht 1922 S. 4.

den Schlußsegen zu sprechen. Faulhaber sah sich veranlaßt, sein Verhalten dem Nuntius Pacelli wie der vatikanischen Kurie zu erklären. Er konnte verhindern, daß Adenauer die für den Präsidenten des Katholikentags übliche Ordensauszeichnung durch den Papst erhielt, handelte sich aber doch eine Mißbilligung seiner Rede von höchster kirchlicher Stelle ein[91]. Der Vorfall blieb Episode, aber er zeigte das Problem an, das sich aus der Annäherung der Generalversammlung an die kirchliche Führungsstruktur ergeben hatte: Sollte der Katholikentag zum Ort bischöflicher Paroleausgabe und die Organisation machtvoller Glaubensfeiern zur eigentlichsten Aufgabe des alten »Laien-Vereins« werden ?

Die Differenzierung im deutschen Katholizismus der Zwischenkriegszeit zeigte sich auch in der Abwesenheit kleiner, aber für die künftige Entwicklung wichtiger Gruppen. Waren es vor dem Kriege kirchenkritische Kreise wie die »Reformkatholiken« gewesen, die dort nicht vertreten oder nicht zugelassen waren, so hielten sich nunmehr anscheinend auch solche fern, die in unbezweifelbarer Loyalität und Rechtgläubigkeit ihr Leben in vertiefter Gemeinschaft mit der Kirche zu gestalten suchten. Daß Romano Guardini, priesterliches Haupt einer neuen, von der Jugend getragenen Bewegung, die insbesondere durch das vertiefte Erleben der Liturgie ihren Ort in der Kirche bestimmte, bei keiner

[91] Der Vorgang ist ausführlich dokumentiert durch Hugo Stehkämper (Bearb.), Konrad Adenauer als Katholikentagspräsident 1922. Mainz 1977. Die Reaktion der Kurie auf die Münchner Vorgänge ergibt sich u.a. aus ebd. S. 122.

der Generalversammlungen dieser Jahre als Redner geladen wurde, darf als Indiz für diesen Differenzierungsprozeß gelten, der freilich dem zeitgenössischen Beobachter noch kaum auffallen konnte.

Denn in der Weimarer Zeit wurden die Katholikentage noch mehr als zuvor Massenveranstaltungen von öffentlichem Rang. Die Zahl der Redner vervielfachte sich, Hallen und Säle wurden zu klein, um die Teilnehmer an den größten Veranstaltungen aufzunehmen. Bereits bei den ersten Tagungen nach 1918 war man, wenn auch zunächst nur aus Rücksicht auf die knapp gewordenen Mittel, dazu übergegangen, auf einige der üblichen Elemente in der Abfolge der Veranstaltung zu verzichten: das Diner mit den vielen Trinksprüchen, das Gartenfest und die Arbeiterumzüge. Im Rückblick erscheint das Verschwinden von Diner und Gartenfest aus dem Programm der Katholikentage als unbeabsichtigte Modernisierung, Angleichung an den gewandelten Stil der Gegenwart. Diese setzte sich wie von selbst fort, als die steigenden Teilnehmerzahlen und das gewachsene Interesse neue Formen verlangten. Die Veranstaltungen, deren Zuhörer von keiner Halle mehr aufgenommen werden konnten, wurden ins Freie verlegt und damit noch sehr viel mehr Menschen zugänglich. Bei der Schlußkundgebung 1931 in Nürnberg, die von allen deutschen und österreichischen Rundfunksendern übertragen wurde, sollen eine Viertelmillion Menschen anwesend gewesen sein. Damit wandelte sich zugleich die Eigenart dieser Veranstaltungen; sie wurden zur »Kundgebung«, zur Darstellung gemeinsamen Willens wie die Straßendemonstration. Auch diese fehlte nicht dem Bilde der großen Katholikentage. Um die Massen ordnungsgemäß an die Orte der Kundgebungen zu bringen, wurden sie in großen Zügen von ihren Versammlungsplätzen herangeführt und demonstrierten so schon durch ihren Anmarsch Präsenz und Anspruch. Diese Formen der Selbstdarstellung waren die gleichen, die von den politischen Kräften rechts und links benutzt wurden, um einer scheinbar dem Untergang geweihten bürgerlichen Welt die eigene Kraft der geordneten Masse gegenüberzustellen. So sollte der Lichtermarsch der Jungen und Männer des Essener Katholikentags 1932 nach der Absicht der Veranstalter, »ein Marsch sein, der zur Achtung zwingt, der den unbedingten Gehorsam der Mannschaft und Jungmannschaft zu Christus, dem König, kundtut«[92]. Sein Zweck war ein anderer als der einer politischen Kundgebung, die äußere Form aber fast die gleiche. Wieder hatte der Katholikentag einen Stil gefunden, der den Empfindungen der Zeit entsprach und ihm die Wirkung in die Breite des katholischen Volkes sicherte.

Der erste Katholikentag nach dem Machtantritt der Nationalsozialisten sollte nach der Absicht des Zentralkomitees erst 1934 im oberschlesischen Gleiwitz stattfinden. Der seit 1920 amtierende Präsident des Zentralkomitees, Alois Fürst zu Löwenstein, hat es jedoch abgelehnt, die Bedingung zu erfüllen, die der preußische Ministerpräsident Hermann Göring für die Genehmigung gestellt hatte: ein Treuebekenntnis der Katholiken

[92] Bericht 1932 Bd. II S. 30.

zum »Dritten Reich«[93]. Für 1933 war vorgesehen gewesen, am »Allgemeinen deutschen Katholikentag« in Wien teilzunehmen, wo gleich drei Jubiläen zu feiern waren: vor 500 Jahren war der Turm von St. Stephan vollendet, vor 250 Jahren die türkische Belagerung gesprengt und vor 80 Jahren die 7. Generalversammlung der deutschen Katholiken abgehalten worden. Aber die Schikane des Regimes, jede Fahrt nach oder durch Österreich mit einer Sondersteuer von 1.000 Reichsmark zu belasten, machte den Deutschen die Teilnahme praktisch unmöglich. Möglich waren jedoch bis 1934 noch einige regionale Katholikentage, die sich seit langem eingebürgert hatten. Am 24. Juni 1934 waren zum 32. Märkischen Katholikentag noch einmal 60.000 Gläubige auf der Rennbahn von Hoppegarten bei Berlin versammelt. Den neuen Machthabern in Deutschland war eine solche, von ihnen nicht kontrollierte Zusammenführung von Menschen unerträglich. Es erscheint wie ein Signal für den Willen des Partei, solche Demonstrationen kirchlicher Eigenständigkeit zu vernichten, daß der Vorsitzende der katholischen Aktion des Bistums Berlin, Dr. Erich Klausener, der diesen Katholikentag wie auch schon früher eine Reihe anderer Großkundgebungen organisiert hatte, um die Katholiken aus der Enge und Einsamkeit ihrer Diasporasituation zu öffentlicher Präsenz und Wirksamkeit herauszuführen, in der folgenden Woche, im Zuge der Mordaktion des 30. Juni 1934, erschossen wurde.

---

[93] Morsey, Streiflichter (wie Anm. 76) S. 11 Anm. 7.

Nach dem Ende der nationalsozialistischen Herrschaft gelang die Anknüpfung an die 1933 abgerissene Tradition der Katholikentage erstaunlich rasch. Das Zentralkomitee war seit 1933 funktionslos gewesen, aber niemals formell aufgelöst worden. Damit war ein Ansatzpunkt für den Wiederbeginn gegeben, der das Zentralkomitee in den folgenden Jahren noch weitaus stärker als früher zum Koordinationsinstrument für den deutschen Katholizismus werden ließ. Die seit 1948 wieder regelmäßig zusammentretenden Katholikentage wurden für ein Jahrzehnt und mehr auch zu Treffen der durch Zonengrenzen getrennten und durch Vertreibung und Evakuierung aus ihren alten Bindungen herausgerissenen Menschen der Nachkriegszeit. Bis 1958 waren sie auch eine der wenigen Gelegenheiten, welche die Deutschen aus Ost und West noch in großer Zahl miteinander in Verbindung treten ließen. Der Berliner Katholikentag von 1958 mußte, um den Gläubigen aus der DDR trotz der zunehmenden politischen Spannungen die Teilnahme zu ermöglichen, in Ost- und West-Berlin stattfinden und in seiner äußeren Gestaltung auf den Argwohn der DDR-Führung Rücksicht nehmen. Dafür trat hier – zum letzten Male – der Katholikentag als eine der Klammern deutscher Einheit in Funktion. Nach Köln waren 1956 28 600 Katholiken aus der DDR gekommen (außerdem rund 60.000 Heimatvertriebene), in Berlin 1958 waren es rund 80.000 (davon knapp die Hälfte aus dem Berliner Umfeld). 1962 war ihnen der Weg zum Katholikentag in Hannover versperrt.

Die Aufgabe der Katholikentage, Gläubige aus Ost und West zusammenzuführen, verstärkte die bereits in den Weimarer Jahren erkennbare Tendenz, den Katholikentag »von der politischen Kundgebung zur Massen-Wallfahrt« umzugestalten. Die Möglichkeit, daß Gläubige aus der DDR den Katholikentag besuchten, wäre bereits in den Jahren vor der Sperrung der Grenzen verschüttet worden, wenn die Behörden im anderen Teil Deutschlands Anlaß gefunden hätten, ihn als Demonstration politischen Willens zu deuten; aber an einer solchen teilzunehmen, dürften auch wenige Katholiken aus der DDR Neigung verspürt haben. Denn die politischen Aufgaben und Probleme der westdeutschen Katholiken waren nicht die ihren, und die ihren konnten nicht zur Sprache kommen. Es war der gemeinsame Glaube, der die Katholiken aus beiden Teilen Deutschlands verband, und die meisten Katholiken aus der Diaspora der DDR dürften zum Katholikentag gefahren sein, um wieder einmal in Freiheit und unter Glaubensbrüdern den eigenen Glauben zu leben und zu erleben. Daß der Katholikentag die Züge einer Wallfahrt mit dem »Pilgerziel Messehalle« annahm[94] und die Katholikentage von Berlin in den Jahren 1952 und 1958, die besonders für die Bewohner der DDR konzipiert waren, als »Wallfahrt nach Berlin« bezeichnet wurden, bedeutete allerdings mehr als eine taktisch wohlüberlegte

[94] Die beiden vorstehenden Zitate aus Otto B. Roegele, Pilgerziel Messehalle. Katholikentage im Wandel: Von der politischen Kundgebung zur Massen-Wallfahrt, in: Rheinischer Merkur vom 3. September 1982.

Konsequenz aus der Situation, entsprach vielmehr inneren Veränderungen im deutschen Katholizismus, der sich deshalb von dieser neuen Form des Katholikentags auch nicht löste, als taktische Rücksichten auf die Gläubigen in der DDR nicht mehr zu nehmen waren. Gottesdienst und Glaubenszeugnis traten mehr und mehr gleichrangig neben die in früherern Jahrzehnten im Mittelpunkt stehenden Diskussionen um den Weltdienst des Christen. »Die Verkündigung des Evangeliums füllt diese Tage ebenso wie die jeweiligen Bemühungen um eine zeitgemäße Pastoral und um ein christliches Apostolat«, schrieb der Generalsekretär des für die Gestaltung der Katholikentage verantwortlichen Zentralkomitees der deutschen Katholiken in der Mitte der achtziger Jahre [95], und diese Feststellung dürfte unverändert gültig sein. Der Katholikentag wurde zum Kirchentag, auch in seiner äußeren Erscheinung dem Deutschen Evangelischen Kirchentag vielfach konform.

Auch im organisatorischen Ablauf der Veranstaltung zeigten sich Veränderungen. Zwar blieb die Grundstruktur mit der Scheidung der voraufgehenden geschlossenen »Vertretertagung« vom nachfolgenden eigentlichen »Katholikentag« der großen Massen, die sich in der Weimarer Zeit durchgesetzt hatte, zunächst noch erhalten. 1950 beim Passauer Katholikentag trennte man sie sogar räumlich durch die Verlegung des Vertretertags ins kleine Altötting. Durch die Umwandlung des alten, mit organisatorischen Aufgaben befaßten Zentralkomi-

[95] Friedrich Kronenberg, Deutscher Katholikentag, in: Staatslexikon. 7. Auflage. Bd. II. Freiburg u.a. 1986. Sp. 13.

tees der deutschen Katholikentage zu dem »von der Autorität der Bischöfe getragenen Zusammenschluß der im Laienapostolat der katholischen Kirche in Deutschland tätigen Kräfte«[96] im Jahre 1952 wurden die Arbeitstagungen zunächst noch intensiviert. 1954 in Fulda tagten zehn Arbeitsgemeinschaften zeitlich parallel, 1956 in Köln waren sie formell als permanente Gremien des Zentralkomitees organisiert.

Die neue Funktion des Katholikentags als Treffpunkt der sonst Getrennten, die mit der Zeit sich auch über die Gruppen der Heimatvertriebenen und der DDR-Bürger hinaus ausweitete, ließ die Teilnehmerzahlen über die Rekordmarken der Weimarer Zeit hinweg ansteigen. In Köln, wo mit dem Katholikentag die förmliche Eröffnung des wiederaufgebauten Doms gefeiert wurde, nahmen am Schlußgottesdienst 500.000, an der Schlußkundgebung rund 700.000 Menschen teil. Nahezu der gesamte deutsche Episkopat war anwesend oder offiziell vertreten, zudem eine beachtliche Gruppe ausländischer Bischöfe. Daß die politische Prominenz bis zu Bundespräsident und Bundeskanzler stark vertreten war, wurde in den Jahren der Bundesrepublik zur Regel. Es konnte nicht ausbleiben, daß die tiefgreifenden Wandlungen im Verhältnis der Katholiken zu ihren Mitchristen wie zu den Angehörigen anderer Religionen auch im Spiegel der Katholikentage sichtbar wurde. Seit man 1950 dazu überging, nur noch alle zwei Jahre einen

[96] Zitiert nach Thomas Großmann, Zwischen Kirche und Gesellschaft. Das Zentralkomitee der deutschen Katholiken 1945-1970. Mainz 1991. S. 104.

Katholikentag zu veranstalten, sorgt man dafür, daß er nicht in das gleiche Jahr fällt wie der Evangelische Kirchentag. Von 1952 an wurde es zur festen Regel, daß die Evangelische Kirche durch eine hochrangige Vertretung ihre Grüße überbrachte, und mit der Zeit übernahmen auch zunehmend evangelische Theologen und Laien Vorträge. 1966 in Bamberg sprach erstmals ein evangelischer Bischof vor dem Katholikentag. Ein freundlicher Kontakt zu den Vertretern der Juden in Deutschland entwickelte sich erst später, aber die Reflexion über das Verhältnis von Christen und Juden wurde vom Katholikentag in Trier 1970 an zu einem dauernden Thema, das auch die zeitgeschichtlichen Vortragsreihen prägte, die in den beiden letzten Jahrzehnten einen festen Platz im Programm der Versammlungen gewannen. Einen ersten Höhepunkt in der schwierigen Begegnung der Katholiken mit den Juden bildete die christlich-jüdische Gemeinschaftsfeier 1990 auf dem Berliner Katholikentag, der auch die Vertreter der anderen Weltreligionen zu einer gemeinsamen Gebets- und Meditationsstunde für den Frieden einlud. Beim nächsten Mal, 1992 in Karlsruhe, kam es erstmals zum »christlich-islamischen Gespräch«. Diese Öffnung für den Anderen, die zu einem herausragenden Kennzeichen der neueren Katholikentage wurde, korrespondierte dem Integrationsprozeß, der den deutschen Katholizismus nach 1945 endgültig aus seiner sozialen Randstellung befreit und zu einem ausschlaggebenden Element der neuen deutschen Gesellschaft gemacht hatte. Die machtvolle Position, die sich die Katholiken in der Bundesrepublik errungen hatten, wurde in dem Glanz, von dem die Katholikentage umgeben waren, unübersehbar. Er konnte freilich nur andauern, solange die Katholiken sich in fragloser Gemeinschaft mit ihren Bischöfen der Welt als selbstsichere und feste Einheit präsentierten. Eben dies wurde jedoch mit den Jahren immer mehr in Frage gestellt.

Die Besucher der Katholikentage waren schon lange nicht mehr bereit, nur wie früher den Rednern in den öffentlichen Versammlungen durch ihren Beifall Zustimmung und Gleichgesinntheit auszudrücken. Der alte Brauch, Diskussionen auf die geschlossenen Veranstaltungen, die späteren »Vertretertage«, zu beschränken, entsprach nicht mehr der Selbsteinschätzung der Menschen, die nun das Leben in der Demokratie und deren Formen der Kommunikation mehr und mehr als selbstverständlich erachteten. 1956 in Köln sind darum erstmals lockere, für jeden offene Diskussionsgruppen (insgesamt 38) neben den vom Zentralkomitee berufenen Beratungsgremien organisiert worden. In dem Maße, in dem die Krise der Kirche die Gläubigen ergriff, wuchs auch das Bedürfnis, auf dem Katholikentag kritisch zu diskutieren. Als es 1966 in Bamberg um die »Eindeutschung« des II. Vatikanischen Konzils ging, veranstaltete man »Arbeitsversammlungen« mit Podiumsdiskussionen. Zwei Jahre später bildete die Aktivität der Teilnehmer das eigentliche Kennzeichen des Katholikentags in Essen. Mit seinen sechs Foren, deren jedes eine Reihe von einzelnen Gesprächen umfaßte, gab er Gelegenheit, jeden interessierenden Sachverhalt zu erörtern. Die Diskussionen, nicht die vorbereiteten Reden schufen das manifeste Ergebnis dieses Treffens. Auf dem Höhepunkt der allgemeinen Erregung über die kurz zuvor erschienene Enzyklika »Humanae vitae« mit ihrer Einschärfung des Verbots kontrazeptiver Mittel kam hier in bislang unerhörter Härte – wenn auch meist im Rahmen rechtgläubiger Kirchlichkeit – Kritik an den überkommenen kirchlichen Strukturen zu Wort. Das Forumsgespräch über die christliche Ehe, das mehr als 4.000 Besucher anzog, wurde zu einer Protestaktion gegen die Enzyklika. Die Teilnehmer richteten bei 90 Gegenstimmen und 48 Enthaltungen eine Resolution an den Papst, in der sie erklärten, seiner Entscheidung »in Fragen der Methoden der Empfängnisverhütung nach Einsicht und Gewissen nicht folgen zu können«, und »eine grundsätzliche Revision der päpstlichen Lehre in diesem Punkte« forderten[97]. Es war ein anderer Katholizismus als der gewohnte, der sich hier zu Wort meldete; er verlangte nach neuen Formen der kirchlichen Entscheidungsprozesse, die, demokratischer konstituiert, den Räten der Priester und Laien Mitgestaltung und Mitverantwortung einräumen sollten. Wenn auch der Katholikentag nicht in der Lage war, dafür geeignete Modelle zu entwerfen oder gar über ihre Einführung zu entscheiden, so bedeutete er doch den Anstoß zur »Gemeinsamen Synode der deutschen Bistümer«, die solche Fragen in langen Diskussionen einer Lösung näher brachte.

Das starke Interesse, das dieser Synode schon in der Zeit ihrer Vorbereitung entgegengebracht wurde, konn-

[97] Bericht 1968 S. 283.

te die Frage wach werden lassen, ob nicht der Katholikentag am Ende seiner Möglichkeiten stehe. Nach dem aufsehenerregenden Treffen von Essen nahm die Zahl der Besucher rasch ab. In Trier 1970, wo allerdings der Teilnehmerkreis planvoll auf Interessenten an den nachkonziliaren Gemeindestrukturen konzentriert worden war, fanden sich nur noch 16.000 Menschen bei der Schlußkundgebung (in Essen waren es noch rund 100.000 gewesen), in Mönchengladbach 1974 40.000. Aber nach einiger Zeit wuchsen die Zahlen wieder, von 25.000 Dauerteilnehmern 1978 in Freiburg auf 70.000 in Berlin zwei Jahre später, wo auch wieder die üblichen Hunderttausend zum Schlußgottesdienst versammelt waren. Wenn auch diese Zahlen später wieder unterschritten wurden, hat sich die Institution des Katholikentags doch wieder stabilisiert. Ihr öffentlicher Rang ist unbestritten, die Präsenz der politischen Prominenz unverändert. Wichtiger ist aber vielleicht, daß die weitaus größte Altersgruppe unter den Teilnehmern von Jugendlichen und jungen Erwachsenen gestellt wird. Fast drei Viertel der Besucher der letzten Katholikentage (lediglich Dresden machte 1994 eine Ausnahme) ist jünger als dreißig Jahre.

Die Regeneration des Katholikentags nach seiner Krise in den sechziger Jahren geschah nicht ohne eine neue Veränderung seiner Form. Die seit 1962 übliche Delegiertenversammlung der katholischen Verbände vor Beginn des Katholikentags, deren Verhandlungen jeweils im offiziellen Berichtsband dokumentiert wurden, ist seit 1990 entfallen; an ihre Stelle ist die Vollversammlung des Zentralkomitees der deutschen Katholiken getreten, das auch auf diese Weise stärker als Träger des Katholikentags in Erscheinung tritt. Neben den Reden und Diskussionsforen des offiziellen Programms ist der Katholikentag immer mehr zu einem Ort der Selbstdarstellung für die zahlreicher gewordenen unterschiedlichen Gruppen und Kräfte unter den deutschen Katholiken geworden. Aus der erstmals 1974 in Mönchengladbach praktizierten Darstellung der »Dienste in der Kirche« in Gestalt von Informationsständen und Ausstellungen inmitten des Passantenverkehrs der Fußgängerzone ist für viele katholische Initiativen eine neue Form breiter Repräsentanz entstanden, die in der »Katholikentagsmeile« 1994 in Dresden eine besonders beachtete Gestalt gefunden hat. Die beteiligten Gruppen erhalten hier Gelegenheit, ihre Eigenart, ihre Auffassungen und Ziele anderen näher zu bringen, mit Interessierten und Gleichgesinnten ins Gespräch zu kommen. Dem Katholikentag der Gegenwart gliedern sich auch verschiedene Aktivitäten an, die außerhalb des offiziellen Programms stehen und die Spannweite dessen kennzeichnen, was sich als katholisch definiert und den Anspruch erhebt, Kirche zu sein. Der »Katholikentag von unten«, der sich seit 1980 regelmäßig mit eigenen Veranstaltungen zu Wort meldet, bei denen meist die kirchliche und politische Opposition die Stichworte liefert, ist doch nicht zum Ansatzpunkt für eine aus eigenem Verständnis von Kirche und christlicher Verantwortung entwickelte »Parallelstruktur« zum offiziellen Katholikentag geworden, sondern eher zu einem inoffiziellen, aber fast schon integrierten Beiwerk. Der Deutsche Katholikentag zeigt darum heute weit weniger als früher das Bild einer fest um ihre geistlichen und politischen Führer gescharten Gruppe als das einer bunten, den Betrachter vielleicht manchmal sogar seltsam anmutenden Vielfalt von Konkretionen dessen, was sich als Leben aus katholischer Mitte versteht. Auch darin spiegelt er die Situation der Kirche, die sich pluralisiert und die Pluralität der Gesellschaft in sich selber abbildet, seitdem sie nicht länger mehr als Sondergesellschaft zu ihr in kritischer Distanz steht[98].

---

[98] Hierzu Urs Altermatt, Katholizismus und Moderne. Zur Sozial- und Mentalitätsgeschichte der Schweizer Katholiken im 19. und 20. Jahrhundert. Einsiedeln 1989. S. 389f.

# IV. WELTAUFGABE UND GLAUBENSFEIER

»Vor allem wünschen wir, man möge bei der Beurtheilung unseres Vereines den Gesichtspunkt festhalten, daß wir durchaus und in keiner Weise uns in die Regierung der Kirche unbefugt einmischen wollen. Den Gesetzen der Kirche zu gehorchen, die gesetzlich in der Kirche bestehende Ordnung im Befehlen und Gehorchen gewissenhaft zu beobachten, uns der Autorität und den rechtlichen Befugnissen unserer Pfarrer, unserer Bischöfe so wie des päpstlichen Stuhles pflichtgemäß zu unterwerfen, – dieß ist unser fester Wille, welchen wir feierlich aussprechen«[99]. Diese beiden Sätze stehen in dem Schreiben, das die erste Generalversammlung des »Katholischen Vereines Deutschlands« an Papst Pius IX. richtete. Den deutschen Bischöfen schrieb sie dasselbe mit anderen Worten: »Wir folgen nur dem Drange einer Pietät, welche unsere Herzen tief und lebendig erfüllt, wenn wir hier erklären, daß wir es uns nie werden beikommen lassen,unsere Thätigkeit auf Gegenstände auszudehnen, welche dem Verwaltungskreise der Bischöfe oder der kirchlichen Behörden vorbehalten sind«[100]. Was hier in der Form respektvoller Wahrung einer festgegründeten Ordnung ausgesprochen wurde, konnte jedoch auch verstanden werden als die Formulierung des

[99] Bericht 1848 S. 154f.

[100] Ebd. S. 158.

Anspruchs auf eigene Kompetenz und Handlungsfreiheit in der Verfolgung jener Ziele, zu denen sich der »Katholische Verein« in seinem Schreiben an die Bischöfe ausdrücklich bekannte: Freiheit der Kirche, Stärkung des katholischen Selbstbewußtseins, soziale Praxis. Offensichtlich galt der Mainzer Versammlung alles das als das legitime Feld ihrer Aufgaben, was nach Tradition und Kirchenrecht nicht ausdrücklich dem Klerus zugewiesen war. Dies aber waren die Fragen, die 1848 anstanden, gerade nicht. Die Stellung der Kirche in der Gesellschaft konnte nicht durch Spruch und Weisung der kirchlichen Autoritäten errungen und behauptet werden, sondern nur durch die Leistung jener, die mit ihrer Existenz und ihrem Handeln dieser Gesellschaft angehörten und ein Teil dazu beitrugen, ihr Gesicht zu prägen, den Christen in der Welt.

Die Männer, die sich 1848 in Mainz versammelt hatten, waren nicht die ersten und einzigen, die so handelten. Was Görres, Buß und andere getan hatten, waren jedoch aus der Situation geborene Taten von Einzelnen gewesen, und sie hatten sich niemals weitreichende, auf lange Dauer zu erstrebende und nur durch feste Organisation erreichbare Ziele gesetzt, wie es der »Katholische Verein Deutschlands« nun unternahm, ohne auch nur einen Bischof um Genehmigung oder Weisung zu bitten. Darum bot die Mainzer Generalversammlung von 1848 den Ansatz für einen innerhalb seiner Grenzen unabhängigen Laienkatholizismus, der eine gesellschaftliche und politische Repräsentanz der Kirche verwirklichen konnte, die ihr auch unter den Bedingungen des religiös neutralen Verfassungsstaates die Möglichkeit wirksamen Handelns in der Öffentlichkeit gab.

Papst und Bischöfe haben den »Katholischen Verein« mit seinen Absichten dankbar begrüßt, wenngleich ihnen das Problem wohl nicht verborgen blieb, das mit der Entstehung einer Vereinigung gegeben war, die, in der rechtlichen Ordnung der Kirche nicht vorgesehen, dennoch beanspruchte, sie der Welt und ihren Ordnungen gegenüber zu vertreten, also eine neue politische und soziale Repräsentanz für sie darzustellen, die gleichsam parallel zu jener stand, die durch ihre bevollmächtigten Amtsträger gebildet wird. So erwähnte Pius IX. in den beiden Schreiben, mit denen er die Mitteilungen des »Katholischen Vereins« beantwortete, wie selbstverständlich die »Leitung« und die »Obhut« des Heiligen Stuhles, die über dem Verein walte, unterstellte ihn jedoch nicht der Kontrolle durch die Bischöfe, durch die seine Leitung und Obhut ständigen und wirksamen Ausdruck hätten finden können[101]. Für die deutschen Bischöfe, die sich bis dahin noch nie zu einer gemeinsamen Konferenz getroffen hatten, gab der Kölner Erzbischof Geissel in seiner bereits kurz vor der Mainzer Versammlung verfaßten Denkschrift, mit der er seine Amtsbrüder zu einem ersten Treffen einlud, die Parole aus. Angesichts des neuerwachten Eifers der Laien für Religion und Kirche dürften die Bischöfe nicht schweigen, sondern müßten »von ihrer erhöhten Stellung herab ein festes und klares Wort in die Bewegung

[101] Bericht 1849 (Breslau) S. 144-149.

reden«[102]. Ein solches Wort hat die durch Geissels Initiative zusammengetretene Bischofskonferenz jedoch nicht gesprochen; die Überfülle der Gegenstände, mit der sich die Bischöfe auf ihrer Würzburger Konferenz vom 23. Oktober bis zum 16. November 1848 beschäftigten, ließ sie nicht dazu kommen, sich – wie ursprünglich vorgesehen – ausführlicher mit der neuen Rolle der Laien zu beschäftigen. Man verschob dies auf das erstrebte deutsche Nationalkonzil der Zukunft. Aber es war schon hinreichend klar, daß zwischen dem Episkopat und dem neuen »Katholischen Verein« keine Differenzen bestanden. Denn zu den wichtigsten Beratern der Bischöfe gehörten in Würzburg einige seiner hervorragendsten Vertreter, Döllinger, Moritz Lieber, der im nächsten Jahr in Breslau der Generalversammlung präsidierte und in Würzburg die Denkschrift der Bischöfe an die Regierungen verfaßte, Domkapitular Lennig, der das Mainzer Treffen vorbereitet und in dessen Namen den deutschen Bischöfen Gründung und Absichten des »Katholischen Vereins« mitgeteilt hatte. Er erhielt in Würzburg den Auftrag, deren Antwort auf sein eigenes Schreiben zu entwerfen. Wie zu erwarten, enthielt es die Zusage der Bischöfe, das Vorhaben des Vereins durch Tat und Gebet zu unterstützen[103].

---

102 Friedrich H. Vering, Die Verhandlungen der deutschen Erzbischöfe und Bischöfe zu Würzburg im October und November 1848: Archiv für katholisches Kirchenrecht 21 (1869) S. 108-169, S. 207-290, 22 (1869) S. 214-303 und S. 373-474; Zitat: 21 (1869) S. 138.

103 Das Schreiben ist referiert in dem Brief des Präsidenten Lieber vom 12. Mai 1849 namens der Breslauer Versammlung an den deutschen

Die zwischen dem Episkopat und dem Verein strukturell angelegte Spannung ist somit von Anfang an nicht als Problem empfunden worden, und sie ist auch später nie zur Ursache von ernsten Konflikten geworden. Die Gründe dafür sind vielfältig und liegen wohl nicht allein in der Kirchentreue der Laien, die einen Konflikt mit Papst und Bischöfen vermied. Es waren auch die politischen Umstände, die den »Katholischen Verein« davor bewahrten, mit der kirchlichen Autorität in Differenzen zu geraten. Die Jahre nach 1848 boten wenig Spielraum für eine politische Aktivität der katholischen Bewegung, deren religiöse Komponenten auf den Generalversammlungen stärker zum Ausdruck gelangten, während die Bischöfe sich kraftvoller als früher den Staaten des Deutschen Bundes gegenüber in der Kirchenpolitik zur Geltung brachten. Die Bedrohung des Kirchenstaates stärkte die Bindung an den Papst. Der Kulturkampf wies die Gläubigen noch nachdrücklicher an die Seite ihrer kirchlichen Oberen, nachdem die Entscheidung des Ersten Vatikanischen Konzils für den Primat des Papstes die Kirche gerade in Deutschland durch den Auszug der Altkatholiken erschüttert hatte.

So blieb die Kompetenz der kirchlichen Autoritäten immer gewahrt; die Generalversammlungen wurden erst in unserer Gegenwart zu einem Ort, an dem wie 1968 in Essen auch innerkirchliche Kritik sich zu Wort meldet. Professor Baltzer, der Förderer der schlesischen Pius-

---

Episkopat. Bericht 1849 (Breslau) S. 142f. Der Auftrag zum Entwurf an Lennig und der Bericht über die Verlesung in der Bischofskonferenz bei Vering (wie Anm. 102) 22 (1869) S. 429 und S. 467.

Vereine, hatte wie sein Kollege Knoodt, mit dem er in Mainz 1848 dabei gewesen war, an den Tagungen schon lange nicht mehr teilgenommen, als sie beide nach einem früheren Konflikt mit der Kurie schließlich altkatholisch wurden. Auch Döllinger, der Star der ersten Treffen, kam schon bald nicht mehr und suchte für seine zunehmende Kritik am Papsttum ein anderes Publikum. Sein Toast auf »die deutsche katholische Kirche« beim Mainzer Festmahl von 1848 hatte trotz aller Bemühung um theologische Korrektheit in der Versammlung sofort Widerspruch gefunden, nicht von einem der anwesenden Theologen, sondern von einem Laien, dem Maler Baudri aus Köln[104]. Der katholischen Bewegung sind durch theologische Auseinandersetzungen außerhalb ihrer eigenen Reihen einige ihrer besten Köpfe verloren gegangen; sie hätte sie vielleicht halten können, wenn sie sich zu einem Forum innerkirchlicher Diskussion gewandelt hätte. Dies freilich wollte und konnte sie nicht werden, solange sie als »Laien-Verein« nichts anderes erstrebte als die Sammlung der Katholiken zur gemeinsamen Durchsetzung politischer und sozialer Ziele. Der Verzicht auf den erreichbaren und tatsächlich erreichten Erfolg wäre der Preis für den nie angestellten Versuch gewesen, die kirchenkritischen Richtungen der Zeit zu integrieren.

Mit der Zielsetzung der katholischen Bewegung und ihrer Generalversammlungen war zwangsläufig eine Tendenz zu volksnaher Sprache und Praxis verbunden.

---

[104] Bericht 1848 S. 82f. und S. 114f.

Sie mag ein weiterer Grund gewesen sein, der kritische Geister von ihr fernhielt. Der feinsinnige Freiburger Theologe und Historiker Franz Xaver Kraus, ein tief frommer, wenn auch nicht immer loyaler Priester, hat die katholische Bewegung als Ausdruck moderner Massendemokratie zutiefst verabscheut und für das Unglück der Kirche gehalten. Männer seines intellektuellen Profils waren wohl nie für die Sache der Katholikentage zu gewinnen und konnten schon darum ihr Potential an innerkirchlicher Kritik an dieser Stelle nicht entwickeln.

Es fragt sich freilich auch, ob die Generalversammlung sie hätte zu Wort kommen lassen. Die Geschäftsordnung, die grundsätzlich jedem Katholiken die Teilnahme ermöglichte, erlaubte auch den Ausschluß aller, deren kirchliche Loyalität nicht zweifelsfrei war. Vertretern des »Reformkatholizismus«, einer verschwommenen Bewegung zur Modernisierung der Kirche, ist 1905 in Straßburg der Zutritt verwehrt worden[105].

Konnten sich die Generalversammlungen der Diskussion innerkirchlicher Meinungsverschiedenheiten entziehen und damit mögliche Konflikte mit der kirchlichen Hierarchie vermeiden, so blieb doch nicht ausgeschlossen, daß aus der parallelen Repräsentanz der Katholiken durch ihre Oberhirten und durch ihre eigene Organisation Spannungen entstanden, da die 1848 in Mainz flüchtig formulierte Abgrenzung der Aktionsfelder unscharf und unter dem Vorbehalt kirchlicher Lei-

[105] Paul Bräunlich, Die deutschen Katholikentage, auf Grund der amtlichen Berichte dargestellt. Halle 1910. S. 193 und Bericht 1906 S. 173.

tung blieb. Die Zentrumspartei, die sich während des Kulturkampfs in einer vergleichbaren Parallelsituation befand, da sie im Parlament die Ziele der Kirche verfocht, die ihrerseits selbst durch ihre Diplomatie selbständiger Kontrahent der Regierung war, hat die Problematik einer nicht von der kirchlichen Autorität geleiteten katholischen Laienaktivität deutlich erfahren, als der Papst 1887 von ihr die Zustimmung zum Heeresetat verlangte, den die Partei aus politischen Gründen ablehnen wollte. Nur das überragende Geschick des Zentrumsführers Windthorst hat diese Zerreißprobe gemeistert[106]. Aber der Anspruch der Kurie blieb unerschüttert, auch in politischen Angelegenheiten Weisungen erteilen zu können, wenn diese »mit Fragen von religiöser und moralischer Bedeutung« zusammenhingen, was schließlich, wie ein Zentrumsabgeordneter resigniert feststellte, auch beim Monopol auf Tabak und Branntwein der Fall sein konnte[107]. Den Generalversammlungen ist eine entsprechende Krise, soweit wir wissen, erspart geblieben, ohne daß sie dafür den Preis williger Anpassung des eigenen Handelns an römische Absichten hätten zahlen müssen. Ihre Einschätzung von dem, was politisch sinnvoll und nützlich war, konnte durchaus von dem abweichen, was man in Rom für angezeigt hielt. Die intensiven Bemühungen Papst Leos XIII., die angeschlagene Weltstellung des Papsttums durch die Hervorhebung seiner Rolle bei der Sicherung

---

[106] Margaret Lavinia Anderson, Windthorst. Zentrumspolitiker und Gegenspieler Bismarcks. Düsseldorf 1988. S. 346-370.

[107] Ebd. S. 354f.

des Friedens auf dem Wege der Abrüstung und internationalen Schiedsgerichtsbarkeit zu verbessern, haben durch die Generalversammlungen keine Unterstützung gefunden. Fürst Löwenstein hat zwar im Jahre 1895 im Zentralkomitee einen Antrag vorgeschlagen, der im Anschluß an eine Enzyklika des Vorjahres »die Errichtung und Anerkennung des internationalen Schiedsrichteramtes« für den Heiligen Stuhl forderte, aber die Mehrheit des Zentralkomitees lehnte es ab, diesen Antrag der Generalversammlung vorzulegen. Die aktuellen innenpolitischen Interessen der Zentrumspartei ließen ihren Vertretern im Zentralkomitee eine derartige Resolution nicht opportun erscheinen[108].

Anders als die Zentrumspartei, der Volksverein für das katholische Deutschland, die Christlichen Gewerkschaften und die Zeitschrift »Hochland« blieben die Generalversammlungen der deutschen Katholiken von den integralistischen Streitigkeiten der Vorkriegszeit unberührt. Denn mit der steigenden Präsenz von Bischöfen, Äbten und Nuntien, dem Besuch eines päpstlichen Delegaten bei der 50. Generalversammlung 1903 in Köln und der immer stärker ins Auge fallenden Veränderung des Charakters der Veranstaltung zu einer kirchlichen Demonstration und religiösen Feier waren die Generalversammlungen bereits ein gutes Stück des Weges zur engeren Bindung an die Hierarchie gegangen,

---

[108] Buchheim (wie Anm. 69) S. 462f. sowie Heinrich Lutz, Über die Verantwortung der Gläubigen im Zeitalter der Gewalt, in: Hans Maier (Hg.), Deutscher Katholizismus nach 1945. München 1964. S. 163-189, Bezug S. 164-170.

den die Integralen allen katholischen Initiativen unterschiedslos vorschreiben wollten. Ihre Heißsporne fanden darum hier keinen Ansatz für ihre Kritik. Das Zentralkomitee hat sich jedoch gehütet, die durch solche Streitigkeiten hervorgerufene Polarisierung im deutschen Katholizismus auf seine Arbeit zurückwirken zu lassen. Bevor die Diskussion um den konfessionellen Charakter der Zentrumspartei 1909 das katholische Lager erschütterte, waren die späteren Verfechter der gegensätzlichen Positionen Redner bei den Katholikentagen gewesen. Bei der Erörterung der Aufgaben der Katholiken in Literatur und Kunst, einem integralistischen Reizthema, das mehrere Generalversammlungen beschäftigte, ohne daß die eigentlichen Konfliktpunkte diskutiert wurden, kam 1909 mit Johannes Mumbauer auch ein hervorragender Mitarbeiter der Zeitschrift »Hochland« zu Wort, die wegen des Abdrucks eines pötzlich auf den Index gesetzten Romans mit der Kurie Schwierigkeiten gehabt hatte und von ihren integralistischen Gegnern als modernistisch abgelehnt wurde[109]. Einen Widerschein der damals außerhalb der Generalversammlungen geführten Debatten mag man neben den gelegentlichen und im jeweiligen Zusammenhang durch die Nichterwähnung der bestehenden Konflikte etwas unmotiviert erscheinenden Aufrufen zur Einigkeit aller Katholiken[110], in den wohlwollenden Reden von Prof. Mausbach über die umstrittene Enzyklika

---

[109] Bericht 1909 S. 383-396.

[110] Bericht 1911 S. 207f. und S. 284.

»Pascendi« und von Fürst Löwenstein über die Regierung Papst Pius' X. sehen[111]. Zu der von den Integralen bestrittenen Kompetenz der Laien äußerte sich der Speyrer Bischof Faulhaber auf der Mainzer Generalversammlung von 1911 zurückhaltend, wenn auch nicht unbedingt in deren Sinne, als er »Laienapostolat, aber kein Laienregiment!« forderte und die von Papst Pius X. gestützte Tendenz zur »Verkirchlichung«, wie die Kritiker später verkürzend sagten, mit der Feststellung bekräftigte, daß die Katholikentage »die jährlichen Exerzitien des Laienapostolates« seien[112]. Daß Faulhaber 1922 erklärte, die Anwesenheit der Bischöfe auf dem Katholikentag sei wichtiger als die der katholischen Minister[113], lag exakt auf dieser Linie, die den Katholikentagen der Zukunft das Programm gab.

Auch der Zusammenstoß des in der Zwischenzeit zum Erzbischof von München und Freising aufgestiegenen Faulhaber mit Konrad Adenauer auf dem Münchner Katholikentag des Jahres 1922 verdient nicht nur als Episode aus dem »Verfassungsstreit« Aufmerksamkeit, der im deutschen Katholizismus nach 1918 für einige Unruhe über die Haltung der Zentrumspartei sorgte. Er markiert auch den durch Adenauers Einspruch nur gebremsten Trend in der Entwicklung der Katholikentage. Wenn auch Faulhabers Versuch, als Ortsbischof den Katholikentag zu dominieren und mit seiner geistlichen Autorität das politische Verhalten der Katholiken zu be-

---

[111] Bericht 1908 S. 231-244 und Bericht 1911 S. 437-449.

[112] Bericht 1911 S. 230.

[113] Vgl. Anm. 88.

einflussen, nicht wiederholt wurde, zeigt doch schon die Tatsache, daß der Ortsbischof sich zur zentralen Gestalt des Katholikentags machen konnte, die Möglichkeit zur weiteren Umwandlung des ursprünglichen Laientreffens. Der hier zum ersten- und einzigen Male der Öffentlichkeit sichtbar gewordene Konflikt zwischen Laienpräsidium und Ortsbischof des Katholikentags bedeutete an sich noch keinen Widerstand gegen solche Tendenzen, sondern allein gegen den Inhalt der mit dem Ansehen eines Bischofs und Kardinals vertretenen politischen Anschauungen. Allerdings hat seither kein Bischof es mehr auf sich genommen, einen Katholikentag durch solch unverhüllten Einsatz der eigenen Person in seiner Aussage zu bestimmen.

In welchem Maße die ursprünglich parallel zur kirchlichen Hierarchie angelegte Repräsentanz der Katholiken durch ihre Generalversammlungen sich im Laufe der Zeit dem Episkopat verbunden hatte, wurde auf dem Katholikentag von 1928 in Magdeburg besonders deutlich. Sein zentrales Thema war die Einführung der Katholischen Aktion, jener insbesondere von Papst Pius XI. geforderten Form christlichen Engagements als »Teilnahme der Laien am hierarchischen Apostolat« der Kirche. Der päpstliche Nuntius Pacelli stellte bereits in seiner Begrüßungsansprache ihre »beiden Grundelemente« vor: »ein tätiges und kraftvolles Apostolat der Laien, entsprechend ihrem Stand und Können« sowie »Einbau des Laienapostolats in die Verfassung der Kirche, wie Christus sie gewollt, freudige Bereitschaft gegenüber den Weisungen der Führer, die Christus ihr gegeben hat«[114]. Die damit umrissene Konzeption der Laienaktivität ist von den Generalversammlungen nie bestritten, die definitive Auflösung der alten Parallelstruktur in der Repräsentanz der Kirche durch die »Verkirchlichung« bejaht worden. Daß sich das Modell der »Katholischen Aktion« in Deutschland nicht realisieren ließ, lag nicht an der Verweigerung durch die Beteiligten, sondern an der durch die bestehende Organisationsvielfalt bedingten Langwierigkeit des Umgestaltungsprozesses, der durch den Machtantritt der Nationalsozialisten schließlich sein Ende fand, ohne daß dadurch die Grundrichtung der Entwicklung gebrochen worden wäre. Die Leitworte der Katholikentage nach dem Zweiten Weltkrieg bis zur Gegenwart machen augenfällig, daß die in der Zwischenkriegszeit sich durchsetzende Wendung der Katholikentage zu religiösen Feierstunden und zur Erörterung kirchlicher Probleme, welche die Diskussion politischer und sozialer Fragen manchmal nur noch wie ein Beiprogramm erscheinen läßt, über die Zäsur der nationalsozialistischen Herrschaft hinweg ungebrochen ist. Hieß es 1926 (im Jahr nach der weltweiten Einführung des Christkönigsfestes) in Breslau »Christus der König«, 1932 in Essen »Christus in der Großstadt«, so 1970 in Trier »Gemeinde des Herrn«, 1982 in Düsseldorf »Kehrt um und glaubt – und erneuert die Welt«, 1990 in Berlin »Wie im Himmel so auf Erden«. Stärker als früher sind in der Zeit nach dem Zweiten Weltkrieg auch die Vertreter der

[114] Bericht 1928 S. 20f.

wissenschaftlichen Theologie zu Wort gekommen, gelegentlich überstieg ihr Anteil am Programm sogar den der Laien. So kommt auf dem Katholikentag der Gegenwart stärker die Breite kirchlichen Lebens zur Darstellung als der in ihm wurzelnde Wille zu politischer und gesellschaftlicher Mitgestaltung. Auch dies ist eine Konsequenz der Pluralisierung, die den modernen Katholizismus kennzeichnet. Dieser Pluralisierungsprozeß stellt jedoch zugleich die Frage nach der Möglichkeit des Katholikentags, für die Gesamtheit der in ihm vertretenen Kräfte zu sprechen und zu handeln, oder ob die kraft der Struktur der Kirche zum Leitungsamt berufenen Bischöfe ihre einzigen Sprecher sein können.

Die enger gewordene Verbindung des Laienkatholizismus mit den kirchlichen Autoritäten, die in der Themenwahl und in der Durchführung der Katholikentage einen Ausdruck findet, hat ihre historischen Gründe. Einer davon liegt zweifellos in der theologischen Grundlegung mancher sozialer Probleme. Wenn etwa die deutsche Gesellschaft, die trotz weitgehender Säkularisierung christlich geprägt ist und vor allem von Außenstehenden als solche betrachtet wird, nach der Katastrophe der Schoah je wieder ein entspanntes Verhältnis zu ihren jüdischen Mitbürgern finden kann, dürfte dies nicht ohne eine Besinnung des Christentums auf seine jüdischen Wurzeln und ohne eine Reflexion seiner geschichtlichen Position gegenüber dem Judentum möglich sein. Ebenso wird eine multikulturelle Harmonie deutscher Bürger christlichen und muslimischen Glaubens kaum erreichbar sein ohne das Verständnis für das Gegenüber der großen Weltreligionen. Andere Gründe liegen in der faktischen wie in der theologischen Entwicklung des deutschen Katholizismus, vor allem in der kirchenrechtlich gestärkten Führungsposition der Bischöfe und in der Anhänglichkeit des katholischen Volkes, das unter der Bedrückung durch die Nationalsozialisten seine Repräsentanz allein noch im Episkopat erlebte. Die alte Parallelität in den kirchlichen Öffentlichkeitsstrukturen, bei der die katholische Bewegung mit ihrem Katholikentag in einer zwar respektvollen, aber ungeklärten Beziehung zu den Bischöfen stand, ist dadurch innerlich unmöglich geworden, und in der Folgezeit ist diese Entwicklung durch eine Vielzahl von Faktoren weiter vorangetrieben worden. Wie stark und unbestreitbar die Stellung der Bischöfe geworden war, zeigte sich 1952 in der Umwandlung des alten Zentralkomitees der deutschen Katholikentage aus einem von der Generalversammlung gewählten und dieser verantwortlichen Gremium zu dem »von der Autorität der Bischöfe getragenen Zusammenschluß der im Laienapostolat der katholischen Kirche in Deutschland tätigen Kräfte«[115]. Das Zweite Vatikanischen Konzil hat sogar befunden, daß sich eine Organisation von Katholiken nicht einmal mehr »ohne Zustimmung der rechtmäßigen kirchlichen Autorität ›katholisch‹ nennen« dürfe[116]. Wäre diese Vorschrift schon 1848 geltendes

---

[115] Vgl. Anm. 91.

[116] Dekret »Apostolicam Actuositatem« cap. V n. 24, deutsch in: Karl Rahner und Herbert Vorgrimler, Kleines Konzilskompendium. Freiburg 2. Auflage 1966. S. 413.

Kirchenrecht gewesen, hätte es den »Katholischen Verein Deutschlands« wohl nie gegeben.

Die Umgestaltung des alten Zentralkomitees hat die Katholikentage auch formell stärker an die kirchliche Autorität herangerückt. Einem Bischof wäre es jetzt nicht mehr möglich, die Bitte des Präsidenten um eine Ansprache mit der Erklärung zu erwidern, er habe doch im Grunde »keine andere Aufgabe als die, ein treues Mitglied der Generalversammlung zu sein« und ihr seinen Segen zu spenden, wie es noch 1911 der Mainzer Bischof Kirstein tat[117]. Der für den jeweiligen Tagungsort zuständige Bischof nimmt vielmehr an den Planungen für den Katholikentag tätigen Anteil und kann seine Sorge um dessen »geistliche Dimension«[118] in die Vorbereitungen einbringen. Daß das von Tagung zu Tagung wechselnde Laienpräsidium der Katholikentage seit 1970 ersatzlos fortgefallen ist, dürfte sich als komplementärer Vorgang zur gesteigerten Führungsrolle der Bischöfe und des Zentralkomitees erklären.

Mit dem neugestalteten Zentralkomitee erhielt der Organisationskatholizismus eine ständig präsente und arbeitsfähige Vertretung, die durch ihre laufende Arbeit, vor allem ihre Stellungnahmen zu aktuellen politischen

---

[117] Bericht 1911 S. 204.

[118] So Erzbischof Friedrich Wetter von München und Freising. Bericht 1984 S. 20. In ähnlicher Weise erklärte Bischof Johannes Pohlschneider von Aachen, »daß der Katholikentag [in Mönchengladbach] bei allem kirchlichen Engagement im gesellschaftlichen Bereich seine zentrale religiöse Zielsetzung nicht außer acht lassen« dürfe. Bericht 1974 S. 22.

Vorgängen Aufgaben übernahm, die früher von den Generalversammlungen zu erledigen waren. Damit verlor der moderne Katholikentag ein Stück politischer Kompetenz, was wiederum die Verlagerung seines Schwerpunktes auf die ihm zugewachsenen geistlichen und religiösen Elemente förderte.

Diese Veränderung der Katholikentage ist jedoch lediglich in ihren Anlässen und äußeren Formen zufällig; sie entspricht vielmehr einer weitgreifenden Veränderung in der Kirche selbst, in deren Bewußtsein Heilsdienst und Weltdienst eng aneinander gerückt sind, für manche so eng, daß sie beides – über die Aussagen des Konzilsdekrets »Gaudium et Spes« hinausgehend – in der als Einheit verstandenen pastoralen Aufgabe der Kirche aufgehen lassen. Wie die theologische Begründung auch im einzelnen gefaßt sein mag – es ist in Deutschland nicht nur das Zentralkomitee, sondern auch die Bischofskonferenz, die zu vielfältigen aktuellen Vorgängen, oft in sehr dezidierter Weise, Stellung nimmt. Diese Entwicklung korrespondiert nicht zuletzt einer Umorientierung im Selbstbewußtsein der Laien, die sich heute offensichtlich weniger als früher daran orientieren, daß ihnen »der Weltcharakter in besonderer Weise eigen« ist, wie das II. Vatikanische Konzil sagte [119], sondern Kirche und Pfarrgemeinde als den Raum zur Entfaltung ihrer christlichen Identität betrachten. Mit seiner Konzentration auf innerkirchliche Probleme hat der Essener Katholikentag 1968 die bereits früher

[119] Dogmatische Konstitution »Lumen gentium« cap. IV n. 31, deutsch in: Rahner-Vorgrimler (wie Anm. 116) S. 162.

erkennbare Tendenz des deutschen Katholizismus verdeutlicht und verstärkt, der Mitverantwortung in der Kirche das größere Gewicht beizumessen als der Weltverantwortung, und diese Gewichtsverlagerung entspricht offensichtlich den Wünschen und Erwartungen der Teilnehmer[120]. So ist die Geschichte der Katholikentage auch ein Prozeß, in dem die Laien sich und ihre Aktivitäten zunehmend enger an die Hierarchie banden. Er ist eingebettet in den säkularen Wandel des Verhältnisses von Kirche und Welt. Die Gemeinschaft der Glaubenden erlebt sich in der Gesamtheit ihrer Lebensvollzüge weit weniger als früher von der sie umgebenden Gesellschaft unterschieden und getrennt, dadurch aber auch auf sich selbst verwiesen. Sie erfährt vielmehr ihre Zusammengehörigkeit kaum mehr in der gemeinsamen Auseinandersetzung mit der Welt, sondern fast nur noch durch die Kirche selbst, die unerachtet aller Aufgaben, die sie in den gesellschaftlichen Vorgängen subsidiär übernimmt, durch den Ausdifferenzierungsprozeß der Moderne zunehmend an Welthaltigkeit verliert[121].

---

[120] »Es wurde von den Teilnehmern positiv vermerkt, daß neben den Eucharistiefeiern ein breites liturgisches Angebot gemacht wurde, das vom Stundengebet [...] bis hin zum Rosenkranzgebet reichte.« Bericht 1978 S. 19. »Man kann sich streiten, ob die innerkirchlichen Fragen das 'geheime Thema' dieses Katholikentages waren. Sie haben in großem Umfang das Interesse der Medien auf sich gezogen, fanden aber auch unter den Teilnehmern eine unübersehbare Resonanz«. Bericht 1992 S. 27.

[121] Wilhelm Damberg, Kirchengeschichte zwischen Demokratie und Diktatur. Georg Schreiber und Joseph Lortz in Münster 1933-1950,

Gleichwohl gilt es, in dieser Umgestaltung des Verhältnisses der Kirche zu ihren Laien grundlegende Unterscheidungen nicht zu verlieren. Das Amt in der Kirche bleibt kirchliches Amt, auch wenn es – wie die Synoden der letzten Jahre – Laien verantwortlich beteiligt. Wenn darum solche kirchlichen Instanzen die alleinzuständigen Leitungsorgane für alles Handeln der Kirche in der Welt würden, wäre der Raum verschüttet, in dem die Laien eigenverantwortlich nach eigenem Ermessen und eigener Sachkenntnis in der Vergangenheit gewirkt haben. Künftigen Katholikentagen könnte es aufgegeben sein, solchen Entwicklungen entgegenzuwirken.

In der Vergangenheit waren die Vereine ein wichtiges Mittel, um der Kirche in der bürgerlichen Welt Rückhalt und Wirkungsmöglichkeit zu geben; die Konzentration der Kirche auf ihr Eigenstes, die sie auch die Laien enger an sich binden läßt und den Katholikentagen ihre gegenwärtige Gestalt gegeben hat, verursachte eine wachsende Distanz zu diesen alten Formen der kirchlichen Repräsentanz in der Welt, die zudem durch den gesellschaftlichen Wandel ihre alte Bedeutung verloren haben. Bis 1933 stand dem politischen und sozialen Gestaltungswillen der Katholiken die Zentrumspartei zur Seite. Diese bewährte Symbiose löste sich in dem Maße, in dem in der Weimarer Zeit die Katholikentage religiöser und die Anwesenheit der Bischöfe für wichtiger ge-

---

in: Leonore SiegeleWenschkewitz und Carsten Nicolaisen (Hg.), Theologische Fakultäten im Nationalsozialismus. Göttingen 1993. S. 145-167, Bezug S. 162-164.

halten wurde als die der Minister. Nach dem Zweiten Weltkrieg fand sie keinen Ersatz, weil die auf die Unterstützung durch zahlreiche Nichtkatholiken angewiesenen C-Parteien nicht jene Nähe zur Kirche gewinnen konnten, die das alte Zentrum ausgezeichnet hatte. Die Brücke zur Politik wurde darum noch schmaler. In der vielleicht berühmtesten Rede, die je auf einem Katholikentag zu hören war, in der Ansprache zu Beginn des Mainzer Katholikentags von 1948 über Deutschland als Missionsland hat P. Ivo Zeiger S.J. die Lage unzweideutig gekennzeichnet: »Es war einmal ein Ruhmesblatt der deutschen Katholikentage, daß sie klare Richtlinien für die Wahrung kirchlicher Rechte boten. Der deutsche Katholizismus hat durch die unglückselige ›rein religiöse Linie‹, die ihm aufgezwungen wurde, aus deren Not er manchmal sogar eine Tugend machen wollte, den Zusammenhang mit jener großen Überlieferung verloren« [122].

Die Härte dieses Urteils mag durch die Ereignisse der Folgezeit nicht in vollem Umfang berechtigt erscheinen. Denn bis in unsere Gegenwart hat die schärfere Ausprägung seines kirchlichen Charakters den Katholikentag

---

[122] Bericht 1948 S. 24-39, Zitat S. 37. Zeiger schrieb einige Monate später noch kritischer über die Lage im deutschen Katholizismus: »Jetzt rächt sich in concreto die rein religiöse Linie – keine Sachkenner, weder bei Laien noch in weiten Kreisen des Klerus; schlimmer vielleicht noch: Interesselosigkeit gegenüber solchen Fragen.« Ludwig Volk, Der Heilige Stuhl und Deutschland 1945-1949, in: Ders., Katholische Kirche und Nationalsozialismus. Ausgewählte Aufsätze, hg. von Dieter Albrecht. Mainz 1987. S. 144-174, Zitat S. 165 Anm. 79.

für das politische und gesellschaftliche Leben Deutschlands noch nicht bedeutungslos werden lassen, wenn auch die Art der Mitgestaltung eine andere wurde. Schon seit langem hätte kein Präsident eines Katholikentags wie sein Vorgänger Konstantin Fehrenbach, der spätere Reichskanzler in der Weimarer Republik, 1907 in Würzburg sagen können: »Der Stempel, den wir unseren Katholikentagen aufdrücken, ist der Wille zur Tat«[123]. Der Fortfall der alten Vertretertagungen, in denen frühere Katholikentage einen Garanten sahen, daß ihre Arbeit nicht als »Strohfeuer« verging[124], bestätigte diese Entwicklung. Aber diese ist nicht zuletzt darin begründet, daß die Generalversammlungen schon lange das Programm erfüllt sahen, zu dessen Verwirklichung sie angetreten waren. Der deutsche Katholizismus war bis zur Grenze des Machbaren organisiert. (Beim Essener Katholikentag von 1932 gab es 43 Sonderveranstaltungen von Verbänden und Initiativen, 68 Nebenveranstaltungen von Organisationen, – der Bericht darüber füllt einen stattlichen Band. Wenn diese auch bei weitem nicht alle direkt durch eine Generalversammlung ins Leben gerufen waren, hatten sie dort Rückhalt, Anregung und Koordination für ihre Praxis gefunden.) Die Freiheit der Kirche war durch die Verfassung garantiert, die Parität wenigstens auf den Weg gebracht. In dem Maße, in dem der Katholikentag sich von der Generalversammlung der katholischen Organisationen zu ei-

123 Bericht 1907 S. 454.

124 Bericht 1930 S. 8f.

nem religiösen Treffen wandelte, das in seiner Erscheinung sich eher der Form des Eucharistischen Kongresses kleineren Umfangs anglich als der einer Hauptversammlung abstimmungsberechtigten Mitglieder, wurde der Weg von der Beratung auf dem Katholikentag bis zur Realisierung des für richtig und notwendig Gehaltenen weiter, nicht allein deshalb, weil für viele der Teilnehmer nun andere Motive für den Besuch ausschlaggebend geworden waren als die Vorbereitung gemeinsamer Aktionen. Adressat der Beschlüsse und Verlautbarungen der Katholikentage wie auch des Zentralkomitees wurde mehr und mehr die nationale Öffentlichkeit oder doch die Gesamtheit der katholischen Gläubigen in Deutschland. Damit wird zwar eine Linie stärker ausgezogen, die auch früher schon bei den alten Generalversammlungen der Katholiken zu erkennen gewesen war. Nicht alles, was dort besprochen und verhandelt wurde, drängte schon zu unmittelbarer Verwirklichung durch politisches Handeln. Manches war Markierung von Fernzielen, die vorerst nicht zu erreichen waren, aber doch nicht aus den Augen verloren werden durften, wie die Forderungen nach Parität, gerechtem Anteil der Katholiken an den Ämtern in Staat, Gesellschaft, Wissenschaft; anderes bedeutete Orientierung gegenüber neuen Zeiterscheinungen wie die Rede Faulhabers für das Frauenstudium im Jahre 1909[125].

Die Katholikentage nach dem Zweiten Weltkrieg haben bis heute ihre Wirkung auf Staat und Gesellschaft der

---

[125] Bericht 1909 S. 437-451.

Bundesrepublik wohl weniger durch Beschlüsse der Arbeitskreise und des Zentralkomitees für die Bewältigung konkreter Aufgaben durch eigenes Handeln erzielt als durch große, weithin vernommene Appelle zu den anstehenden Entscheidungen der Zeit. Das Schuldbekenntnis auf dem ersten Nachkriegskatholikentag in Mainz, die Erklärung des Bochumer Katholikentags 1949 über die in der Öffentlichkeit hart umstrittene Mitbestimmung der Arbeitnehmer, die Stellungnahme zur Bildungssituation in Deutschland 1964 und die in den achtziger Jahren sich als Konstante der Treffen ausbildenden Veranstaltungen zum Thema Europa kennzeichnen die heute zur Praxis gewordene politische Komponente, die den Katholikentagen trotz aller »Verkirchlichung« zu eigen geblieben ist. Sie verbindet freilich kaum mehr zu gemeinsamer Aktion. Ihre Wirkung hängt ab von der Rezeption durch die Öffentlichkeit. Das Schuldbekenntnis von 1948 ist so gut wie vergessen; die Bochumer Erklärung über die Mitbestimmung löste wegen ihrer sehr weitgehenden Begründung Diskussionen aus, half aber doch, das Gesetz über die Mitbestimmung in der Montanindustrie auf den Weg zu bringen; die »Erklärung der Delegiertenversammlung der katholischen Verbände Deutschlands auf dem 80. deutschen Katholikentag in Stuttgart zur Bildungspolitik«[126], vorbereitet von einem Arbeitskreis des Zentralkomitees beim »Kleinen Katholikentag« im Frühjahr 1964 in Münster, stieß mitten in die öffentlichen Auseindersetzungen um die »Deutsche Bildungskatastro-

126 Bericht 1964 S. 140-149.

phe«[127] und trieb den politischen Entscheidungsprozeß voran.

Aber diese Verlagerung des Schwerpunkts in der politischen und sozialen Thematik der Katholikentage auf Ziele, deren Realisierung kaum mehr von den eigenen Kräften zu erwarten ist, sondern nach den Erfahrungen entscheidend von der Gunst der Stunde abhängen, stellt die Frage nach der Wirksamkeit der Katholikentage als Instrumente politischer und sozialer Mitgestaltung der Kirche. Denn in der pluralistischen Gesellschaft unserer Tage hängen die Möglichkeiten zur Gestaltung des Gemeinwesens im ständigen Mit- und Gegeneinander der Gruppen maßgeblich ab von der Energie, mit der diese ihre Ansichten im Rahmen der für alle verbindlichen Rechtsordnung verfechten. Ein geistlicher Assistent des Zentralkomitees, Bernhard Hanssler, hat auf dem »Kleinen Katholikentag« der Verbandsvertreter 1958 in Saarbrücken wohl als erster dieses Problem markiert: »Für gesellschaftspolitisch schöpferisches Handeln sind Zusammenschlüsse unentbehrlich, nachdem die demokratische Gesellschaft sich darauf geeinigt hat, daß nur mitspielen kann, wer sich seine eigene gruppenhafte Darstellung gab. Darum gilt der Satz: Was nicht organisiert ist, wird gesellschaftlich nicht wirksam. Verzicht auf Organisation bedeutet Verzicht auf Aktion und damit auf Wirkung«[128].

---

[127] Georg Picht, Die deutsche Bildungskatastrophe. Analyse und Dokumentation. Olten und Freiburg 1964.

[128] Bernhard Hanssler, Das Gottesvolk der Kirche. Düsseldorf 1960. S. 121.

Der von Hanssler bezeichnete Bedingungskomplex für politisches Handeln in einer demokratischen Gesellschaft war nicht erst ein Ergebnis neuerer Entwicklungen. Die katholische Bewegung, die sich 1848 formierte, stand immer schon vor diesem Problem, wenn auch die Gunst ungewöhnlicher Umstände es weniger fühlbar machte, und dieses hat sich nach den bisherigen Erfahrungen theoretisch nur in einer Weise auflösen lassen, der keine praktische Wirkung verheißen war: Wie war eine Aktionseinheit der Katholiken in politischen Fragen zu schaffen, ohne sie als Partei zu organisieren ? Die Satzung des »Katholischen Vereines Deutschlands« schloß eine solche Weiterentwicklung nicht aus, wenn auch die vom Vorort Mainz stammenden Interpretationen sie ausdrücklich ablehnten. So wenig wie in das Kirchenregiment, schrieb Domkapitular Lennig im Auftrag der Versammlung an den Papst, beabsichtige man, sich »in die Politik einzudrängen auf eine Weise, wodurch zu der jetzt schon bestehenden Uneinigkeit Stoff zu neuem Hader gegeben würde«[129]. Die Erfahrungen mit der Nationalversammlung in der Frankfurter Paulskirche, wo der »Katholische Club« sich aus Abgeordneten gebildet hatte, die verschiedenen Parteien angehörten und sich lediglich zu gemeinsamem Handeln in kirchenpolitischen Fragen zusammenfanden, ließen die Kooperation parteipolitisch unterschiedlich orientierter Katholiken bei der Regelung kirchlicher Fragen wohl auch für die Dauer nicht ausgeschlossen erscheinen. Freilich war

[129] Bericht 1848 S. 155.

auch für Lennig die politische Meinungsvielfalt innerhalb des »Katholischen Vereins« nicht unbegrenzt. Denn noch mehr als politischen Hader lehnte er alle Absichten ab, »irgend Etwas gegen die von den Völkern Deutschlands verlangte und von seinen Fürsten gewährte Erweiterung und Begründung der bürgerlichen Freiheit zu unternehmen«, und als ob er reaktionären Einreden von päpstlicher Seite von vornherein entgegentreten wollte, verwies er auf die kirchliche Lehre, »daß die Segnungen unserer göttlichen Religion mit allen Staatsformen verträglich sind, und daß die höchste politische Freiheit, wenn anders nur Religion und Tugend damit verbunden sind, sich mit den Gesetzen, Einrichtungen und mit dem ganzen Geist der katholischen Kirche vollkommen vereinigen läßt«[130]. Damit war die Festlegung der katholischen Bewegung als Freiheitsbewegung einmal mehr bestätigt, zugleich auch ein politischer Gegensatz impliziert, der sich auch zu Glaubensgenossen auftun konnte, wenn sie etwa die konstitutionellen Bestrebungen der Zeit ablehnten. Anders als in Frankreich wurde dies jedoch nicht zum Anlaß innerkatholischer Auseinandersetzungen.

Unentschieden blieb allerdings, in welchem Maße der Kampf für die kirchliche Freiheit nicht doch ein gesamtpolitisches Engagement erfordere. Die Frage ist auf der Versammlung der rheinischen und westfälischen Piusvereine im April 1849 zu Köln von den besten Köpfen der Bewegung hart diskutiert worden. Döllinger und

---

[130] Ebd.

andere setzten sich für den Antrag ein, daß »die Piusvereine nur mit jenen politischen Fragen sich beschäftigen [sollten], welche in directer und nothwendiger Verbindung mit den kirchlich-socialen Zwecken des Vereines stehen«. Die schließlich siegreiche Gegenseite, deren prominentester Sprecher Franz Joseph v. Buß war, warnte vor solcher Engführung der Ziele: die kirchliche Freiheit könne auch gefährdet werden durch Dinge, die mit dem kirchlichen Leben nicht unmittelbar in Berührung stünden. »Außerdem verlange das katholische Volk auch Beleuchtung der politischen Fragen vom rechten, d.h. katholischen Standpunkte; gewähre man ihm diese nicht in den Versammlungen der Pius-Vereine, dann würden sie nothwendig auf Vereine hingewiesen, wo ihnen der rechte Stand- und Gesichtspunkt verkehrt« werde[131]. Die folgenden Generalversammlungen haben unter dem Eindruck der sich durchsetzenden Reaktion den kirchlichen Schwerpunkt ihrer politischen Zielsetzungen betont und auch die Bildung der bescheidenen »Katholischen Fraction« nicht gefördert, die im November 1852 im preußischen Abgeordnetenhaus entstand. Die hier einsetzende Entwicklung zur Zentrumspartei macht im Rückblick deutlich, daß die von den Generalversammlungen befürwortete Konzentration gemeinsamer katholischer Aktivitäten auf unmittelbar kirchliche Zielsetzungen keinen Erfolg versprach. Die »Katholische Fraction« ging zwar in ihren Anfängen von einer ähnlichen Ansicht aus; die Zentrumspartei

131 Heinen, Katholizismus (wie Anm. 31) S. 104.

entstand jedoch als über die Kirchenpolitik hinausreichende Handlungseinheit katholischer Abgeordneter und legte eben damit die Grundlage des Erfolgs, den sie für die Kirche errang. Denn ihre historische Leistung, im Kulturkampf gegen preußischen Etatismus und liberalen Zeitgeist die verlorene Kirchenfreiheit weitgehend zurückzugewinnen, ergab sich weniger aus ihrem direkten Widerspruch gegen kirchenfeindliche Maßnahmen, als aus ihrer Fähigkeit, in der Qualität einer im vollen Sinne politischen Partei mit einer weiter als nur kirchenpolitisch ausgelegten Programmatik zum parlamentarischen Partner zu werden, der seine gelegentliche Unentbehrlichkeit dazu benutzen konnte, seine speziellen Ziele durchzusetzen. »Hätte das Zentrum lediglich kirchenpolitisch sich betätigt, so würde es voraussichtlich nichts erreicht haben, jedenfalls auf die Dauer nichts erreicht haben. Es wäre dann als ›nur klerikale Gruppe‹ erschienen, gegen welche alle anderen Gruppen leicht bei jeder Gelegenheit sich zusammengefunden hätten«, schrieb Julius Bachem, einer der klügsten Köpfe der Partei im Rückblick auf die Erfolgsgeschichte des Zentrums im 19. Jahrhundert[132].

Die Generalversammlungen haben sich nach ihren Anfangsjahren nicht mehr die Frage nach ihrem politischen Charakter stellen müssen, weil die Entstehung christlicher, aber nicht formell katholischer und darum außerhalb ihres Organisationskreises verbleibender Par-

---

[132] Julius Bachem, Germania docet, in: Hochland 2,1 (1904/05) S. 241-244, Zitat S. 242.

teien in Deutschland ihnen die Aufgabe abnahm, unmittelbar für die kirchlichen Ziele in die politische Arena treten zu müssen. Der faktisch katholische Charakter der Zentrumspartei machte andererseits die enge Symbiose möglich, in der sie zu den führenden Männern der Partei und vor allem zu Windthorst standen. Auch die Weimarer Jahre und die Zeit nach dem Zweiten Weltkrieg haben das Problem nicht mehr aufgeworfen. Bis 1933 blieb die politische Notwendigkeit des Zentrums für den größten Teil der katholischen Bewegung, die sich im Katholikentag repräsentiert sehen konnte, unbestritten. Daran änderten auch die aus dem Umkreis der Liturgischen Bewegung und der Katholischen Aktion stammende Kritik und die von dem rechten Flügel der Katholiken angestoßenen Diskussionen im staatsbürgerlichen Arbeitskreis des Essener Katholikentags von 1932 um die Legitimität der republikanischen Staatsform und die Grundsatztreue des Zentrums nichts[133]. 1948 beim ersten Nachkriegskatholikentag in Mainz war die CDU bereits von einer großen Zahl christlicher Wähler akzeptiert, so daß trotz P. Zeigers Hinweis auf die Problematik der Lage eine Diskussion um die Form des Engagements im Politischen gar nicht erst aufkam.

Die Gunst der historischen Umstände hatte dem deutschen Katholizismus für sein politisches Handeln Instrumente an die Hand gegeben, die es der Kirche ersparten, selbst in die politischen Diskussionen hineingezerrt zu werden, und ihr andererseits doch einen weit-

---

[133] Morsey, Streiflichter (wie Anm. 76) S. 22.

gehenden, wenn auch institutionell nicht gesicherten und darum in der Wirkung nicht immer abschätzbaren politischen Einfluß eingeräumt haben und immer noch einräumen. Doch lassen sich Zweifel nicht unterdrücken, ob diese Lösung auch auf längere Zukunft hin Bestand haben kann. Gegen sie ist von einem der bedeutendsten katholischen Denker unseres Jahrhunderts, dem Franzosen Jacques Maritain, eingewandt worden, eine Einheit der Christen im weltlichen, nicht ausdrücklich durch die Tatsache ihres Christseins bestimmten Handeln sei in sich widersinnig, ja verderblich[134]. Maritain bezog sich ausdrücklich auf das Modell der Katholischen Aktion, die eine deutliche Distanz zu allem Politischen wahren sollte, während andere Aktionsformen der Katholiken als außerhalb der kirchlichen Hierarchie stehend in den Bereich des Beliebigen und kirchlich Unerheblichen verwiesen wurden – ähnlich, wie es auch das Zweite Vatikanische Konzil vorgesehen hat[135]. Solche theoretisch überzeugenden Unterscheidungen lassen jedoch die Bedingungen für die politische Realisierung christlicher Forderungen außer acht. Der Erfolg der von Maritain hart getadelten Zentrumspartei läßt darüber nachdenken, ob es genügen kann, den Christen Maßstäbe und Orientierungen politischen Handelns zu geben, ohne ihnen zugleich auch praktisch zur Seite zu

---

134 Vgl. Heinz Hürten, Der Einfluß Jacques Maritains auf das politische Denken in Deutschland, in: Jahrbuch für Christliche Sozialwissenschaften 26 (1985) S. 25-39.

135 Dekret »Gaudium et spes« cap. IV n. 76, deutsch in: Rahner-Vorgrimler (wie Anm. 116) S. 534.

stehen, wenn sie sich anschicken, danach zu handeln[136]. Der Bamberger Katholikentag von 1966 der sich um die »Eindeutschung« des Zweiten Vatikanischen Konzils bemühte, hat sich diesem Problem gestellt. Hans Maier stellte nüchtern fest, daß die politische und intellektuelle »Mächtigkeit der christlichen Kräfte im öffentlichen Leben« die einzig verläßliche Garantie für die Freiheit der Kirche in Staat und Gesellschaft sei; eben dies verwehre es, das bewährte Instrumentarium aus der Hand zu legen: der alte Verbandskatholizismus sei doch »die eigentliche Voraussetzung der öffentlichen Stellung der Kirche in Deutschland« gewesen[137].

Die Wahrung ihrer Freiheit und Wirksamkeit ist jedoch nicht das einzige Problem für das politische Handeln der Kirche. Im Laufe der anderthalb Jahrhunderte seit dem ersten Katholikentag ist der politische Verantwortungsbereich des Christen unzweifelhaft größer geworden. Als sich 1848 eine katholische Bewegung formierte, traten in ihrer Sicht vor der Aufgabe, der Kirche

---

[136] Zu dieser Fragestellung in grundsätzlicher Betrachtungsweise bereits Karl Forster, Kirche in der Demokratie. Zur neueren Entwicklung des Verhältnisses von Kirche, Gesellschaft und Staat, in: Dieter Oberndörfer und Karl Schmitt (Hg.), Kirche und Demokratie. Paderborn 1983. S. 13-32, insbes. S. 32: »Kirche darf sich angesichts der anspruchsvollen politischen Struktur einer Demokratie nicht nur auf Glaubensinhalte und allgemeine sittliche Normen zurückziehen. Sie muß den Dienst der Vermittlung in gesellschaftlich relevante Handlungs- und Verhaltensimperative und in eine aktuelle Alltagsmoral leisten. Dabei muß sie auch das Wagnis vorläufiger, geschichtlich überholbarer Orientierungen eingehen.«

[137] Bericht 1966 S. 165-167.

den ihr gebührenden Lebensraum zu erringen und zu bewahren, alle anderen zurück, weil keine andere in nur annähernd gleichem Maße die Wirksamkeit der Kirche berührte. Darum konnte man sie weitgehend der freien Diskussion und Entscheidung der Einzelnen überlassen. Anders verhält es sich jedoch mit den Aufgaben, welche die Gegenwart der Kirche stellt, zu denen sie sich auch bekennt und für die sie gelegentlich sogar recht detaillierte Weisungen erteilt: der Mitwirkung an der Gestaltung einer menschenwürdigen Gesellschaft, der Wahrung des Friedens und der Verwirklichung sozialer Gerechtigkeit, von der man 1848 noch annahm, daß die christliche Liebe zu den Armen ausreiche, um die Not in der Gesellschaft zu lindern, wenn schon nicht ganz zu beseitigen. Die Katholiken – und auch die Generalversammlungen – haben sich jedoch schon bald danach zur Sozialpolitik bekannt, und die Kirche hat dazu durch ihr Lehramt Wege gewiesen und tut dies bis heute in einem eher noch wachsenden Maß. Damit entsteht freilich die Frage, ob die Aufgabe der Kirche darauf beschränkt ist, Grundsätze zu verkünden und abzuwarten, ob sie beachtet werden, oder ob es ihr unter bestimmten Umständen nicht auch obliegen könne, ihre Gläubigen zum Einsatz für die von ihr gewiesenen Ziele zu organisieren. Bislang haben die Katholikentage und das Zentralkomitee hinreichend wohlwollenden Kontakt zu den politischen Parteien, um ihren Äußerungen zu öffentlichen Fragen Beachtung, wenn auch keineswegs immer Zustimmung und Befolgung zu garantieren. In solcher Lage bedarf es nicht der organisierten Aktionseinheit der Katholiken, die schon deshalb nicht zu realisieren wäre, weil ihre politische Notwendigkeit unter den bestehenden Verhältnissen nicht zu erkennen ist. In dem Maße, in dem die Parteien von Wählern abhängig werden, die vom Wort der Kirche nicht mehr erreicht werden, kann jedoch die Frage entstehen, wer denn in Staat und Gesellschaft realisieren soll, was die Kirche für deren Funktion und Ordnung verkündet, wenn nicht die Kirche in Gestalt ihrer Laien selbst? So kann das so lange für gelöst gehaltene Problem des politischen Engagements für die deutschen Katholikentage noch einmal auftreten, und das Versäumnis, darüber nachzudenken, könnte den Katholikentagen einen nicht geringen Teil ihrer Tradition unversehens verloren gehen lassen, – es sei denn, daß man sich entschiede, die Konzentration christlichen Lebens auf Gemeinde, Kirche und Theologie zu einem Rückzug aus der Gestaltung dieser Welt werden zu lassen, der das Heil allein noch im Innern der Kirche zu suchen erlaubt.

Es geht nicht allein um die Tradition des deutschen Katholizismus. Wenn es zutrifft, daß es die katholischen Vereine waren, die der Kirche halfen, in »einer Gesellschaft, deren einziges Ordnungsprinzip Dynamik und Veränderung in immer neuen Schichtungen und Strukturierungen ist«[138], einen neuen Standort zu gewinnen, der ihr politische und soziale Mitgestaltung erlaubte, dann stellt sich heute, da die Vereine und der von ihnen

[138] Bauer (wie Anm. 1) S. 24f.

getragene Katholikentag die Bedeutung, die sie in unterschiedlichem Grade bis in die Weimarer Republik hinein besaßen, zunehmend verloren haben, die Frage nach der Sicherung eines freien Wirkungsraums der Kirche in der Gesellschaft aufs neue.

Die Antwort kann freilich nicht in dem Versuch liegen, früher einmal bewährte, aber heute vergangene Formen des organisierten Katholizismus wieder erstehen zu lassen; ein solcher Versuch wäre schon deshalb zum Scheitern verurteilt, weil unsere Gesellschaft ihre Gestalt heute nicht mehr allein durch das Parallelogramm der Kräfte organisierter Gruppen, sondern auch durch die Massenmedien erfährt, die solchen sozialen Formationen nicht einfach zugerechnet werden dürfen, vielmehr dazu beitragen, daß die alten gesellschaftlichen Lebenswelten, in denen diese wurzelten, zunehmend ihre Kontur und Trennschärfe verlieren. Eine »Versäulung« der Gesellschaft, in der die konkurrierenden Gruppen solche Festigkeit gewinnen, daß sie nicht nur in der Gestaltung von Öffentlichkeit anerkannt gleichberechtigte Faktoren bilden, sondern auch proportional an den öffentlichen Institutionen beteiligt sind, ist heute kein mögliches – und vielleicht auch niemals erstrebenswertes – Ziel. Zu gesellschaftlicher Akzeptanz und Wirkungsmöglichkeit ist heute Organisation vielleicht nicht einmal so sehr erforderlich wie Präsenz in den Medien. Hier liegt möglicherweise eine große Chance des Katholikentags wie auch des Evangelischen Kirchentags. Die alte Generalversammlung der deutschen Katholiken hat ihre Form und Bedeutung in einer Zeit gewonnen, da das »Politische Bürgertum«[139] vergleichbare Tagungen kannte. Heute hingegen sind der Katholikentag und der Evangelische Kirchentag singuläre Phänomene geworden, nicht nur wegen der Menge ihrer Teilnehmer, sondern auch weil sie in der weitaus überwiegenden Zahl nicht Funktionäre und Delegierte versammeln, sondern Interessierte, die aus eigenem Antrieb und auf eigene Kosten kommen, und es gibt keine Anzeichen, daß ihre Zeit ablaufe. (Dies unterscheidet sie von den Treffen der Landsmannschaften der Vertriebenen, die in den Jahren nach dem Zweiten Weltkrieg in gewisser Weise vergleichbare Großveranstaltungen darstellten.) Als solchen singulären Phänomenen in unserer Gesellschaft ist ihnen Präsenz in den Medien sicher. Dies macht sie – über die individuelle Identifikation hinaus – für politische Prominenz attraktiv und gibt ihren Appellen und Direktiven breites Echo. Zugleich wächst dem Katholikentag durch seine Wirkung in den Medien eine neue Aufgabe zu, welche der in den vergangenen Jahrzehnten eindrücklicher gewordenen Wendung zu religiösen Feiern und theologischen Erörterungen einen über die unmittelbar Beteiligten hinausweisenden Sinn gibt. Der Katholikentag vergegenwärtigt den Glauben in einer Gesellschaft, in der dieser Glaube der Christen zunehmend weniger erfahren wird, weil die Zahl der Glaubenden schwindet und ihrem Glauben in unserer nivellierten Säkulargesellschaft sonst kaum eine andere

---

139 Andreas Biefang, Politisches Bürgertum in Deutschland 1857-1868. Nationale Organisationen und Eliten. Düsseldorf 1994.

Stätte zugestanden wird als im Raum der Kirche und in der privaten Sphäre ihrer Anhänger. Kommt aber »der Glaube vom Hören« (Röm. 10,17) kann die Präsentation des Glaubens in den Medien eine Weise der Verkündigung sein, deren Modus eben den Strukturbedingungen der gegenwärtigen »Informationsgesellschaft« entspricht und damit der Kirche wiederum einen Ort in der Gesellschaft gewährt, ähnlich wie dies im 19. Jahrhundert mit ungleich größerer Wirkung den Verbänden gelungen ist. Wenn auch die Kirche mit dieser Einfügung in die Gegebenheiten des Medienzeitalters erneut ihre Fähigkeit bewiesen hat, auf die Herausforderungen ihrer Gegenwart zu antworten, so bleibt doch zu bedenken, daß ein Katholikentag sich nicht begnügen darf, den ihm von den Medien zugestandenen Raum zur Repräsentation der Kirche in säkularer Umwelt zu verwenden; ist es doch den Laien aufgetragen, »in der Verwaltung und gottgemäßen Regelung der zeitlichen Dinge das Reich Gottes zu suchen«[140]. Ihnen dazu Ansporn und Hilfe zu sein, wird wohl die Aufgabe der Katholikentage bleiben, solange sie sich in der Tradition des »Laienvereins« von 1848 sehen.

* * *

[140] Wie Anm. 116.

Das Jubiläum der Katholikentage, das auf anderthalb Jahrhunderte tatkräftigen Handelns zurückblicken läßt, ist nicht allein Grund genug, sich dankbar an das Erreichte und Erprobte zu erinnern; es gibt auch den Anstoß zur Frage, ob dies auch für Gegenwart und vorausschaubare Zukunft als gesichert und tauglich gelten kann. Der rückwärts gewandte Blick in eine uns manchmal fremd erscheinende Vergangenheit führt somit zum Nachdenken, welchen Weg die künftigen Katholikentage einschlagen sollen, um ihren Aufgaben in der Form gerecht zu werden, wie sie unsere Zeit verlangt, und welche neuen Arbeitsweisen sich unter den Bedingungen einer veränderten Zeit bewähren können. Die Geschichte von einhundertfünfzig Jahren deutscher Katholikentage zu bedenken, bedeutet freilich nicht, sich in ängstlicher Sorge zu ergehen, sondern Mut zu fassen zu jener gelassenen Zuversicht, die den Christen auszeichnet.

# VERZEICHNIS DER ZITIERTEN AMTLICHEN BERICHTE


| | |
|---|---|
| BERICHT 1848 | Verhandlungen der 1. Versammlung des katholischen Vereines Deutschlands am 3. 4. 5. und 6. October [1848] zu Mainz. Amtlicher Bericht. Mainz 1848 |
| BERICHT 1849 (BRESLAU) | Verhandlungen der 2. Versammlung des katholischen Vereines Deutschlands am 9. 10. 11. und 12. Mai zu Breslau. Amtlicher Bericht. Breslau 1849 |
| BERICHT 1849 (REGENSBURG) | Verhandlungen der 3. Generalversammlung des katholischen Vereines Deutschlands am 2. 3. 4. und 5. October zu Regensburg. Amtlicher Bericht. Regensburg 1849 |
| BERICHT 1850 | Verhandlungen der 4. Generalversammlung des katholischen Vereines Deutschlands am 24. 25. 26. und 27. September 1850 zu Linz. Amtlicher Bericht. Linz 1850 |
| BERICHT 1851 | Verhandlungen der 5. General-Versammlung des katholischen Vereines Deutschlands am 7. 8. 9. und 10. October 1851 zu Mainz. Amtlicher Bericht. Mainz 1852 |
| BERICHT 1853 | Verhandlungen der 7. General-Versammlung des katholischen Vereines Deutschlands am 20., 21. und 22. September zu Wien. Amtlicher Bericht. Wien 1854 |
| BERICHT 1856 | Verhandlungen der 8. Generalversammlung des katholischen Vereines Deutschlands am 23. 24. und 25. September 1856 zu Linz. Amtlicher Bericht. Linz 1857 |

| | |
|---|---|
| BERICHT 1857 | Verhandlungen der General-Versammlung des katholischen Vereines Deutschlands am 21., 22., 23. und 24. September 1857 zu Salzburg. Amtlicher Bericht. Salzburg 1858 |
| BERICHT 1859 | Verhandlungen der 11. Generalversammlung der katholischen Vereine Deutschlands am 12., 13., 14. und 15. September 1859 zu Freiburg im Breisgau. Amtlicher Bericht. Freiburg 1860 |
| BERICHT 1860 | Verhandlungen der 12. General-Versammlung der katholischen Vereine Deutschlands und Österreichs am 24., 25., 26. und 27. September 1860 zu Prag in Böhmen. Amtlicher Bericht. Prag 1861 |
| BERICHT 1862 | Verhandlungen der 14. Generalversammlung der katholischen Vereine Deutschlands in Aachen am 8. 9. 10. und 11. September 1862. Amtlicher Bericht. Aachen 1863 |
| BERICHT 1863 | Verhandlungen der 15. Generalversammlung der katholischen Vereine Deutschlands zu Frankfurt am Main am 21., 22., 23. und 24. September 1863. Amtlicher Bericht. Frankfurt/M. 1863 |
| BERICHT 1868 | Verhandlungen der 19. Generalversammlung der katholischen Vereine der deutschen Länder in Bamberg am 1., 2. und 3. September 1868. Amtlicher Bericht. Bamberg 1868 |
| BERICHT 1869 | Verhandlungen der 20. Generalversammlung der katholischen Vereine Deutschlands in Düsseldorf am 6., 7., 8. und 9. September 1869. Amtlicher Bericht. Düsseldorf 1870 |
| BERICHT 1871 | Verhandlungen der 21. Generalversammlung der katholischen Vereine Deutschlands am 10., 11., 12., 13. und 14. September 1871 |

zu Mainz. Nach stenographischen Aufzeichnungen. Mainz 1871

BERICHT 1872 Verhandlungen der 22. General-Versammlung der Katholiken Deutschlands zu Breslau am 8., 9., 10., 11. und 12. September 1872. Nach stenographischen Aufzeichnungen. Breslau 1872

BERICHT 1876 Verhandlungen der 24. Generalversammlung der Katholiken Deutschlands zu München am 11., 12., 13. und 14. September 1876. Nach stenographischen Aufzeichnungen. München 1876

BERICHT 1881 Verhandlungen der 28. Generalversammlung der Katholiken Deutschlands in Bonn am 4., 5., 6., 7. und 8. September 1881. Nach stenographischen Aufzeichnungen. Bonn o.J.

BERICHT 1887 Verhandlungen der 34. Generalversammlung der Katholiken Deutschlands zu Trier vom 28. August bis 1. September 1887, herausgegeben vom Lokal-Komitee zu Trier. Trier 1887

BERICHT 1893 Verhandlungen der 40. Generalversammlung der Katholiken Deutschlands zu Würzburg vom 27. – 31. August 1893, herausgegeben vom Lokal-Comité zu Würzburg. (Nach stenographischen Aufzeichnungen) Würzburg 1893

BERICHT 1899 Verhandlungen der 46. Generalversammlung der Katholiken Deutschlands zu Neiße vom 27.- 31 August 1899, herausgegeben vom Lokal-Komitee zu Neiße. Neiße 1899

BERICHT 1900 Verhandlungen der 47. Generalversammlung der Katholiken Deutschlands zu Bonn vom 2. bis 6. September 1900, herausgegeben vom Lokal-Komitee zu Bonn. Bonn 1900

BERICHT 1907 Verhandlungen der 54. Generalversammlung der Katholiken Deutschlands in Würzburg vom 25. bis 29. August 1907, herausgegeben vom Lokalkomitee in Würzburg. Würzburg o.J.

BERICHT 1908 Verhandlungen der 55. Generalversammlung der Katholiken Deutschlands in Düsseldorf vom 16. bis 20. August 1908, herausgegeben vom Lokalkomitee. Düsseldorf o. J.

BERICHT 1909 Bericht über die Verhandlungen der 56. General-Versammlung der Katholiken Deutschlands in Breslau vom 29. August bis 2. September 1909, herausgegeben vom Lokalkomitee. Breslau 1909

BERICHT 1911 Bericht über die Verhandlungen der 58. General-Versammlung der Katholiken Deutschlands in Mainz vom 6. bis 10. August 1911, herausgegeben vom Lokalkomitee. Mainz 1911

BERICHT 1913 60. Generalversammlung der Katholiken Deutschlands in Metz vom 17. bis 21. August 1913, herausgegeben vom Lokalkomitee. Metz 1913

BERICHT 1922 Die Reden, gehalten in den öffentlichen und geschlossenen Versammlungen der 62. General-Versammlung der Katholiken Deutschlands zu München. 27. bis 30. August 1922. Würzburg 1923

BERICHT 1924 Die Reden, gehalten in den öffentlichen und geschlossenen Versammlungen der 63. General-Versammlung der Katholiken

Deutschlands zu Hannover. 30. August – 3. September 1924. Würzburg o.J.

BERICHT 1928 Bericht über den Katholikentag zu Magdeburg. 5. bis 9. September 1928, herausgegeben vom Generalsekretariat des Zentralkomitees der deutschen Katholiken. Paderborn o.J.

BERICHT 1932 71. Generalversammlung der deutschen Katholiken zu Essen an der Ruhr. 31. August bis 5. September 1932, herausgegeben von der Geschäftsstelle des Lokalkomitees. Essen o. J.

BERICHT 1948 Der Christ in der Not der Zeit. Der 72. Katholikentag vom 1. bis 5. September in Mainz, herausgegeben vom Generalsekretariat des Zentralkomitees der Katholiken Deutschlands zur Vorbereitung der Katholikentage. Paderborn 1949

BERICHT 1964 Wandelt Euch durch ein neues Denken. 80. Deutscher Katholikentag vom 2. September bis 6. September 1964 in Stuttgart. Paderborn o.J.

BERICHT 1966 Auf Dein Wort hin. 81. Deutscher Katholikentag vom 13. Juli bis 17. Juli 1966 in Bamberg. Paderborn o.J.

BERICHT 1968 Mitten in dieser Welt. 82. Deutscher Katholikentag vom 4. bis 8. September 1968 in Essen. Paderborn o.J.

BERICHT 1970 Gemeinde des Herrn. 83. Deutscher Katholikentag vom 9. September bis 13. September 1870 in Trier. Paderborn o.J.

BERICHT 1974 Für das Leben der Welt. 84. Deutscher Katholikentag vom 11. September bis 15. September 1974 in Mönchengladbach. Paderborn o.J.

BERICHT 1984 Dem Leben trauen, weil Gott es mit uns lebt. 88. Deutscher Katholikentag vom 4. bis 8. Juli 1984 in München. Dokumentation. Paderborn o.J.

BERICHT 1992 Eine neue Stadt entsteht – Europa bauen in der einen Welt. 91. Deutscher Katholikentag vom 17. bis 21. Juni 1992 in Karlsruhe. Dokumentation. Kevelaer o.J.

BERICHT 1994 Unterwegs zur Einheit. 92. Deutscher Katholikentag. 29. Juni bis 3. Juli 1994 in Dresden. Dokumentation. Kevelaer 1994

# VERZEICHNIS DER BISHERIGEN KATHOLIKENTAGE UND IHRER PRÄSIDENTEN

| Nr. | Jahr | Ort | Präsident |
|---|---|---|---|
| 1 | 1848 | Mainz | Franz Joseph v. Buß |
| 2 | 1849 | Breslau | Moritz Lieber |
| 3 | 1849 | Regensburg | Joseph Theodor Graf zu Stolberg-Stolberg |
| 4 | 1850 | Linz/Donau | Heinrich Freiherr v. Andlaw |
| 5 | 1851 | Mainz | Franz Ritter v. Hartmann |
| 6 | 1852 | Münster | Karl Zell |
| 7 | 1853 | Wien | Karl Zell |
| 8 | 1856 | Linz/Donau | Heinrich Graf O'Donnell |
| 9 | 1857 | Salzburg | Moritz Lieber |
| 10 | 1858 | Köln | August Reichensperger |
| 11 | 1859 | Freiburg | Klemens Graf v. Brandis |
| 12 | 1860 | Prag | Heinrich Graf O'Donnell |
| 13 | 1861 | München | Heinrich Freiherr v. Andlaw |
| 14 | 1862 | Aachen | Klemens Graf v. Brandis |
| 15 | 1863 | Frankfurt/Main | Wilderich Freiherr v. Ketteler |
| 16 | 1864 | Würzburg | Ernst Freiherr v. Moy |
| 17 | 1865 | Trier | Heinrich Freiherr v. Andlaw |
| 18 | 1867 | Innsbruck | Joseph Lingens |
| 19 | 1868 | Bamberg | Felix Freiherr v. Loë |
| 20 | 1869 | Düsseldorf | Karl Fürst zu Löwenstein |
| 21 | 1871 | Mainz | Friedrich Baudri |

| | | | |
|---|---|---|---|
| 22 | 1872 | Breslau | Georg Freiherr von und zu Franckenstein |
| 23 | 1875 | Freiburg | Franz Freiherr v. Wambolt |
| 24 | 1876 | München | Friedrich Graf v. Praschma |
| 25 | 1877 | Würzburg | Felix Freiherr von Loë |
| 26 | 1879 | Aachen | Klemens Graf Droste zu Vischering |
| 27 | 1880 | Konstanz | Friedrich Graf zu Stolberg-Stolberg |
| 28 | 1881 | Bonn | Franz Freiherr v. Wambolt |
| 29 | 1882 | Frankfurt/Main | Franz Graf von und zu Bodman |
| 30 | 1883 | Düsseldorf | Franz Roßhirt |
| 31 | 1884 | Amberg | Karl Freiherr v. Huene |
| 32 | 1885 | Münster | Ernst Maria Lieber |
| 33 | 1886 | Breslau | Klemens Freiherr v. Heereman |
| 34 | 1887 | Trier | Franz Graf v. Ballestrem |
| 35 | 1888 | Freiburg | Eduard Müller |
| 36 | 1889 | Bochum | Georg Freiherr v. Hertling |
| 37 | 1890 | Koblenz | Rudolf Freiherr v. Buol-Berenberg |
| 38 | 1891 | Danzig | Otto Graf v. Rechberg-Rothenlöwen |
| 39 | 1892 | Mainz | Felix Porsch |
| 40 | 1893 | Würzburg | Ferdinand Graf v.Galen |
| 41 | 1894 | Köln | Georg v. Orterer |
| 42 | 1895 | München | Eduard Müller |
| 43 | 1896 | Dortmund | Adolf Gröber |
| 44 | 1897 | Landshut | Karl Bachem |
| 45 | 1898 | Krefeld | Karl Freiherr v. Freyberg-Eisenberg |

| | | | |
|---|---|---|---|
| 46 | 1899 | Neiße | Peter Spahn |
| 47 | 1900 | Bonn | Friedrich Graf v. Praschma |
| 48 | 1901 | Osnabrück | Karl Trimborn |
| 49 | 1902 | Mannheim | Hermann Cardauns |
| 50 | 1903 | Köln | Georg v. Orterer |
| 51 | 1904 | Regensburg | Felix Porsch |
| 52 | 1905 | Straßburg | Alois Erbprinz zu Löwenstein |
| 53 | 1906 | Essen | Adolf Gröber |
| 54 | 1907 | Würzburg | Konstantin Fehrenbach |
| 55 | 1908 | Düsseldorf | Hans Graf v. Praschma |
| 56 | 1909 | Breslau | Karl Herold |
| 57 | 1910 | Augsburg | Wilhelm Marx |
| 58 | 1911 | Mainz | Friedrich Graf v. Galen |
| 59 | 1912 | Aachen | Adam Josef Schmitt |
| 60 | 1913 | Metz | Alois Fürst zu Löwenstein |
| 61 | 1921 | Frankfurt/Main | Heinrich Held |
| 62 | 1922 | München | Konrad Adenauer |
| 63 | 1924 | Hannover | Wilhelm Farwick |
| 64 | 1925 | Stuttgar | Theodor Freiherr v. Cramer-Klett |
| 65 | 1926 | Breslau | Johannes Horion |
| 66 | 1927 | Dortmund | Adam Stegerwald |
| 67 | 1928 | Magdeburg | Alois Fürst zu Löwenstein |
| 68 | 1929 | Freiburg | Wilhelm Marx |
| 69 | 1930 | Münster | Alfred Graf Neipperg |
| 70 | 1931 | Nürnberg | Josef Joos |
| 71 | 1932 | Essen | Eugen Baumgartner |
| 72 | 1948 | Mainz | Theophil Herder-Dorneich |
| 73 | 1949 | Bochum | Josef Gockeln |
| 74 | 1950 | Passau | Otto Hipp |

| | | | |
|---|---|---|---|
| 75 | 1952 | Berlin | Hedwig Klausener |
| 76 | 1954 | Fulda | Anton Storch |
| 77 | 1956 | Köln | Josef Schneeberger |
| 78 | 1958 | Berlin | Anton Roesen |
| 79 | 1962 | Hannover | Paul Lücke |
| 8 | 1964 | Stuttgart | Joseph Meurers |
| 81 | 1966 | Bamberg | Willi Geiger |
| 82 | 1968 | Essen | Bernhard Vogel |
| 83 | 1970 | Trier | (seit Trier |
| 84 | 1974 | Mönchengladbach | Präsidium |
| 85 | 1978 | Freiburg | fortgefallen) |
| 86 | 1980 | Berlin | |
| 87 | 1982 | Düsseldorf | |
| 88 | 1984 | München | |
| 89 | 1986 | Aachen | |
| 90 | 1990 | Berlin | |
| 91 | 1992 | Karlsruhe | |
| 92 | 1994 | Dresden | |